Mein erstes BASIC Programm

Mein erstes BASIC Programm

Rodnay Zaks

SYBEX

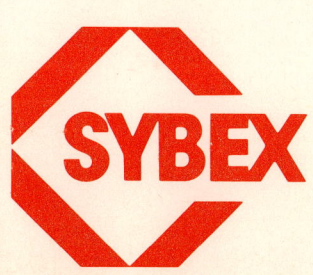

BERKELEY · PARIS · DÜSSELDORF

Der Autor ist vielen Mitarbeitern der SYBEX-Redaktion und der Produktionsabteilung zu Dank verpflichtet, die alle Einzelheiten der Vorbereitung dieses Buches mitverfolgt und zu seiner endgültigen Fassung beigetragen haben. Insbesondere haben Salley Oberlin und Eric Novikoff bei wertvollen Verbesserungen von Form und Inhalt des Originalmanuskripts mitgewirkt, indem sie Behauptungen, Aussagen und Programme nachvollzogen, kritisch betrachtet und somit wesentlich zur Klarheit und Genauigkeit dieses Buches beigetragen haben.

Alle Texte und Programme wurden sorgfältig bearbeitet. SYBEX übernimmt jedoch weder eine Haftung für die Anwendung noch für die Verletzung irgendwelcher Patente oder anderer Rechte Dritter, die sich aus diesen Texten und Programmen ergeben könnten.

Titel der amerikanischen Originalausgabe:
„Your First BASIC Program"
Original Copyright © 1983 by SYBEX Inc., Berkeley, USA
Übersetzung: Wolfgang Dederichs, Hattingen
Umschlaggestaltung & Cartoons:
Daniel Le Noury
Buchgestaltung: Einar Vinje
Satz: tgr — typo-grafik-repro gmbh, remscheid
Gesamtherstellung: Druckerei Hub. Hoch, Düsseldorf

Alle deutschsprachigen Rechte vorbehalten. Kein Teil des Werkes darf in irgendeiner Form ohne schriftliche Genehmigung des Verlages reproduziert oder unter Verwendung elektronischer Systeme verarbeitet, vervielfältigt oder verbreitet werden.

ISBN 3-88745-033-7
1. Auflage 1983
2. Auflage 1984
3. Auflage 1986
4. Auflage 1986
Printed in Germany
Copyright © 1983 by SYBEX-Verlag, Düsseldorf

1

Wir sprechen BASIC

Einführung 19

Was heißt Programmieren? 20

Der BASIC-Interpreter 22

Was ist BASIC? 24

Welches BASIC? 25

Dein Computer 26

Computer und ihre Regeln 31

2

Wir unterhalten uns mit dem Computer

Einführung 33

Der Gebrauch der Tastatur 34

Wir sprechen BASIC 38

Ein längeres Programm 46

Zusammenfassung 51

Übungen 52

3

Wir rechnen mit BASIC

Einführung 55

Die Ausgabe von Zahlen 56

Wissenschaftliche Schreibweise 57

Ein bißchen Mathematik 58

Formatierte Ausgabe 61

Anwendungsbeispiele 63

Zusammenfassung 64

Übungen 64

4

Wir speichern Zahlen mit Hilfe von Variablen

Einführung 67

Der INPUT-Befehl 68

Die beiden Arten von Variablen 71

Wertzuweisung 77

Die Zählvariable 82

Zusammenfassung 84

Übungen 85

5

Wir schreiben ein übersichtliches Programm

Einführung 86

Der REM-Befehl 88

Mehrere Anweisungen in einer Zeile 89

Gebrauch von Leerzeichen 90

Verbesserung der Bildschirmausgabe 92

Verkürzte Eingabe 92

Auswahl von Variablennamen 94

Richtige Zeilennumerierung 94

Zusammenfassung 97

Übungen 97

6

Wir treffen Entscheidungen

Einführung 99

Die IF-Anweisung 100

Eine Rechenübung 108

Die GOTO-Anweisung 112

Noch einmal die IF-Anweisung 114

Wir zählen Einsen 115

Noch einmal die Rechenübung 117

Überprüfen der Eingabe 117

Währungsumrechnung 118

Geburtstag 119

Zusammenfassung 120

Übungen 120

7

Wir machen manches mehrmals

Einführung 123

Das IF/GOTO-Verfahren 124

Veränderungen 126

Der FOR...NEXT-Befehl 127

Summe der ersten N ganzen Zahlen 129

Wertetabellen 130

Zeilen mit Sternen 131

Fortgeschrittene Schleifenkonstruktionen 132

Weitere Möglichkeiten 136

Zusammenfassung 137

Übungen 137

8

Wir erstellen ein Programm

Einführung 139

Entwurf eines Algorithmus 140

Erstellen eines Flußdiagramms 144

Kodieren 152

Fehlersuche 154

Dokumentation 156

Zusammenfassung 158

Übungen 159

9

Fallstudie: Gewichtsumrechnung

Einführung 161

Entwurf des Algorithmus 162

Erstellen des Flußdiagramms 162

Kodieren 169

Testen 176

Zusammenfassung 178

Übungen 179

10

Der nächste Schritt

Einführung 181

Was du mit BASIC tun kannst 182

Wir lernen dazu 182

Mehr BASIC 183

Schlußwort 187

Anhang

A
Antworten zu ausgewählten Übungen 189

B
Gebräuchliche BASIC-Schlüsselwörter 194

C
BASIC-Wörterbuch 195

D
Index 198

Vorwort

Hunderte, vielleicht sogar Tausende von Büchern sind über BASIC geschrieben worden. Weshalb noch ein weiteres Buch? Ganz einfach, weil sich der Kreis der Leser geändert hat. Früher war die Benutzung einer Programmiersprache wie etwa BASIC das Vorrecht von wenigen, die Zutritt zu einem Rechner hatten. Programmierer waren eine kleine Elitegruppe. Das ist jetzt nicht mehr der Fall. Die Mikrocomputer haben BASIC zu der Computersprache gemacht, die heute am meisten genutzt wird und am leichtesten zugänglich ist. Die Mehrzahl der heutigen Computerbenutzer hat eine geringe oder gar keine technische Vorbildung. Sie nutzen ihren Computer ganz einfach, weil sie Spaß daran haben, oder weil sie sich weiterbilden möchten, oder aber, um im Betrieb oder im Büro damit zu arbeiten.

Das vorliegende Buch wendet sich an diese neue Gruppe von Computeranwendern. Es sieht nicht nur anders aus, es ist auch anders. Es ist auf den Anfänger zugeschnitten und geht deshalb davon aus, daß der Leser keinerlei technische Vorkenntnisse mitbringt. Dieses Buch ist für alle diejenigen, die einen leichten und bequemen Einstieg in BASIC suchen — ganz gleich, ob sie 8 oder 88 Jahre alt sind.

Der Autor ist sich sicher: Alle neuen Computeranwender heute, die lernen möchten, wie sie ihre eigenen Programme in BASIC schreiben können, sind begeistert und jung, oder geistig jung geblieben. Sie möchten eine einfache, direkte Methode, um BASIC zu lernen. Das ist die Methode in diesem Buch: Es soll das Erlernen von BASIC einfach und unterhaltsam gestalten.

Weiterhin hat dieses Buch die Absicht, das Wesentliche von BASIC innerhalb weniger Stunden zu vermitteln. Wir werden unser erstes BASIC-Programm schon nach einer Stunde schreiben können. Und nach ein paar weiteren Stunden sollten wir genug wissen, um mit brauchbaren und sinnvollen Programmen zu beginnen.

Die Zeit verstreicht . . . Fangen wir an!

Der Autor wünscht Dir eine angenehme Reise auf dem zauberhaften Weg zum Wissen.

Rodnay Zaks
Berkeley, im Januar 1983

Wie dieses Buch gelesen werden soll

Dieses Buch ist ein Lehrbuch. Du solltest die Kapitel der Reihe nach lesen und erst ein Kapitel ganz durcharbeiten, bevor du zum nächsten übergehst. Das Ende eines jeden Kapitels habe ich mit Übungsaufgaben versehen, um dir zu helfen, deine neuen Kenntnisse zu testen. Bearbeite so viele von ihnen, wie du kannst. Antworten zu ausgewählten Übungen findest du im Anhang A am Ende dieses Buches.

Falls du einen Rechner besitzt, probiere alle Programme aus. Um wirklich zu lernen und zu behalten, ist es am besten, viel zu üben und zu experimentieren. Dieses Buch gibt dir die nötigen Fähigkeiten und das nötige Wissen, um anzufangen — aber denke daran: Nichts kann die praktische Erfahrung ersetzen.

Das Hauptziel dieses Buches ist es, dich schnell und wirkungsvoll zum Programmieren in BASIC hinzuführen. Um dieses Ziel zu erreichen und um dir den Weg dahin leicht zu machen, mußte ich eine Auswahl treffen; deshalb beschreibt dieses Buch nicht alle Bestandteile oder Begriffe von BASIC, sondern nur die wichtigsten.

Ich hoffe, daß du mit diesem Buch alles schnell verstehen wirst und in Null Komma nichts dein erstes BASIC-Programm schreiben kannst. Ich bin sicher, diese neuen Fähigkeiten werden dir viel Spaß bereiten.

Was du lernen wirst

KAPITEL EINS erklärt, welche Sprache die Rechner sprechen, und stellt dir die Helden dieses Buches vor: den Computer, den Interpreter, das Programm und andere Gestalten.

In **KAPITEL ZWEI** erfährst du, wie du dich mit deinem Computer über Tastatur und Bildschirm verständigen kannst. Außerdem tippst du deine ersten BASIC-Programme ein und läßt sie laufen.

In **KAPITEL DREI** rechnest du in BASIC.

KAPITEL VIER hilft dir, Programme zu schreiben, die wiederholt benutzt werden können. Außerdem lernst du, wie du Variablen richtig und effektiv benutzen kannst.

KAPITEL FÜNF zeigt dir, wie du Programme übersichtlich und gut lesbar erstellen kannst.

In **KAPITEL SECHS** triffst du mit Hilfe von Logik und Mathematik komplizierte Entscheidungen.

KAPITEL SIEBEN erklärt, wie du mit Hilfe von Programmschleifen wiederkehrende Arbeiten erleichtern kannst.

KAPITEL ACHT zeigt die richtige Methode, um ein Programm zu entwerfen: vom Algorithmus bis zum funktionierenden, gut dokumentierten Programm — dazu gehört natürlich auch der Entwurf eines Flußdiagramms.

KAPITEL NEUN hilft dir, all diese Gedanken an einem praktischen Fall zu studieren.

KAPITEL ZEHN begleitet dich bei deinen nächsten Schritten auf dem Weg zum Programmier-Experten.

Anhang A, B und C bieten Antworten zu ausgewählten Übungsaufgaben, eine Liste der gängigen BASIC-Schlüsselwörter und ein Wörterbuch.

Wenn du nun bereit bist, schlagen wir doch einfach das Familienalbum auf. Ich stelle dir die Helden dieses Buches vor . . .

Hier nun unsere Helden

*Die Mitwirkenden
(im Uhrzeigersinn):
Dino, der Programmierer,
der BASIC-Interpreter oben
auf seinem Freund,
dem Computer,
die Programmschlange,
der hinterlistige Fehlerteufel,
zwei Variablen,
Programmbefehle, die bereitstehen, um zu ihren
vorgesehenen Plätzen
zu marschieren,
und das unentbehrliche
Flußdiagramm, auf das sich
Dino aufstützt . . .
Hoppla, unser Fehlerteufel
scheint etwas im Schilde
zu führen!*

'Tschuldigung...
unser hinterlistiger Fehlerteufel hat 'mal wieder
zugeschlagen.
Ein echter Schnappschuß...

Das ist der BASIC-Interpreter. Wenn er wach ist, hält er sich im Speicher deines Rechners auf. Seine Aufgabe: Er übersetzt deine Anweisungen und gibt sie dem Computer weiter. Er wird dir helfen, wo er nur kann.

Präge dir dieses Gesicht gut ein. Das ist er, der Fehlerteufel. Er will dir das Leben schwermachen. Tue also dein Bestes, um ihn aus deinen Programmen herauszuhalten.

Das ist dein Freund, der Computer – er wartet auf dein Kommando.

Nein, das ist kein Ungeheuer – das ist die Programmschlange. Sie besteht aus Befehlen. Wir werden lernen, sie zusammenzusetzen. Wenn du erst einmal gelernt hast, mit ihr umzugehen, ist sie sehr zahm. Du mußt nur den Fehlerteufel von ihr fernhalten.

Das Familienalbum

Das ist Dino. Er ist freundlich, und obwohl er keine ordentliche Ausbildung mitbekommen hat, wird er dir zeigen, wie einfach es ist, BASIC-Programme zu schreiben.

Dies sind die BASIC-Befehle. Sie stehen bereit, um sich in die Programmschlange einzureihen.

Das ist eine numerische Variable, erkennbar an der Beschriftung auf dem Mantel. Sie hat den Zahlenwert, der auf ihr draufsteht. Im Moment ist sie unglücklich, weil sie gerne an ihren reservierten Platz im Speicher zurückgehen möchte.

Dies ist dein bester Freund, das Flußdiagramm. Es wird dir helfen, Programme zu entwerfen, die auch wirklich funktionieren.

Das Familienalbum

Wir sprechen BASIC

1

Ich habe im Vorwort behauptet, daß du innerhalb einer Stunde BASIC-Programme schreiben wirst. Weshalb beginnen wir dann mit einem Kapitel über Begriffe und Definitionen? Verschwenden wir nicht Zeit? Im Gegenteil: Unsere Absicht ist es, den Stoff zu *lernen* und zu *behalten*, und richtiges Lernen erfordert ein tieferes Verständnis. Der Stoff in diesem Kapitel hilft dir, das Computer-Vokabular besser zu verstehen. Er zeigt dir, was Programmieren ist und wie ein BASIC-Programm ausgeführt wird.

Bevor wir anfangen, unser erstes Programm zu schreiben, gibt es noch ein paar wichtige Definitionen und Begriffe, die du lernen solltest. Wenn du diese Ausdrücke verstanden hast, kann ich dir einfach, aber trotzdem genau erklären, *was passiert* und *was zu tun ist*, und du wirst mir ohne Mühe folgen können. Also lies dieses Kapitel sorgfältig durch, um sicher zu sein, daß du auch wirklich alles verstanden hast, was du tust – und nicht einfach nur Tasten drückst.

Als erstes lernen wir, wie wir dem Rechner Anweisungen geben können – das wird dann *Programmieren* genannt. Als nächstes erklären wir die Notwendigkeit von *Programmiersprachen*, wie z. B. BASIC. Dann erörtern wir, was ein BASIC-*Interpreter* ist, und lernen die Geschichte von BASIC, seine *Dialekte* und seine Verwendung kennen. Schließlich untersuchen wir die Bestandteile eines *Computersystems* und machen uns mit dem technischen Kauderwelsch vertraut, das benutzt wird, um diese Bestandteile zu beschreiben.

Was heißt Programmieren?

Dein Rechner ist eine Maschine, die dazu konstruiert wurde, *Informationen* zu verarbeiten – sowohl Text- als auch Zahleninformationen. Z. B. kannst du deinen Computer Wörter und Sätze auf einem Bildschirm wiedergeben lassen – bekannt als *Textverarbeitung* – oder du kannst ihn ein Gewicht, das in Pfund angegeben ist, in Kilogramm umrechnen lassen – bekannt als *Zahlenverarbeitung*. Um dies alles durchzuführen, ist es nötig, Befehle in einem Format oder einer „Sprache" zu erteilen, die dein Computer versteht. Jeder Rechner kann nur eine kleine Anzahl von verschiedenen Befehlen (sagen wir, ein paar hundert) verstehen (d. h. erkennen und ausführen). Befehle, die ein Computer direkt verstehen kann, werden *Maschinensprache-Befehle* genannt. Diese Befehle werden in einem *binären* Format, d. h. in Gruppen von Nullen und Einsen, im Speicher des Computers abgelegt. Jede Null oder Eins wird *Bit* genannt. Eine Gruppe von acht Bits heißt *Byte*.

Eine Folge von Befehlen, die irgend etwas Nützliches zustande bringt, heißt *Programm*. (Eine Folge von Befehlen, die nichts zustande bringt, heißt *Fehler*.) Dein Computer führt ein Programm aus, indem er nacheinander jeden Befehl ausführt. Unglücklicherweise ist das Schreiben eines Computerprogramms (also einer Folge von Befehlen) in Maschinensprache, d. h. in binärer Form, ein langsames und umständliches Verfahren.

Im Idealfall wären wir gern in der Lage, dem Rechner mündlich oder schriftlich Anweisungen in einer gewöhnlichen Sprache (sagen wir Deutsch) zu geben und von ihm ausführen zu lassen. Das ist aber leider nicht möglich, weil ein Rechner keine der gewöhnlichen Sprachen versteht – weder gesprochen noch geschrieben. Der Grund dafür ist ganz einfach: Ein Computer führt Anweisungen genau und exakt aus. Er arbeitet logisch und präzise, und er verlangt klare und eindeutige Befehle in der richtigen Reihenfolge und

„Befehlen will gelernt sein!"

Form. Die Schwierigkeiten mit einer gesprochenen Sprache liegen in der Sprache selbst – Sätze können zweideutig sein, oft hängt die Bedeutung vom jeweiligen Zusammenhang oder von Gesten und Gesichtsausdrücken ab. Diese Art von Verständigung ist für einen Computer nicht faßbar.

Sogar sorgfältig geschriebenes Englisch genügt den Ansprüchen eines Computers nicht. Z.B. kannst du einem Roboter nicht sagen: „Geh in die Küche und koche ein Ei", und Ergebnisse erwarten, es sei denn, der Roboter ist programmiert worden, sich in eurer Küche zurechtzufinden. Ein Roboter muß trainiert (oder programmiert) werden, bevor er in einer Umgebung wie unserer arbeiten kann. Und selbst wenn ein Roboter trainiert worden ist, sich in *eurer* Küche zurechtzufinden, könnte er in der Küche eines Freundes nicht klarkommen, weil alle Sachen woanders stehen könnten. Denke daran, die Mitteilungen an den Rechner müssen klar, präzise und eindeutig sein.

Aus diesem Grund sind vereinfachte „Sprachen" für den Umgang mit Rechnern erfunden worden. Erinnere dich daran, daß die Binärsprache (auch als Maschinensprache bekannt) für einen Computer am einfachsten zu verstehen ist. Diese Sprache ist jedoch für Menschen kaum brauchbar. Deshalb sind andere Sprachen erfunden worden, um die Verständigung zu erleichtern. Diese Sprachen gleichen dem gewöhnlichen Englisch und werden *höhere Sprachen* genannt.

Für eine effektive und klare Verständigung mit einem Computer kann nur eine begrenzte Anzahl von englischen Wörtern benutzt werden, die als ganz genau festgelegte Kommandos verwendet werden. Außerdem müssen sich Sätze oder *Anweisungen*, die den Computer steuern sollen, ganz genau an bestimmte Grammatikregeln (die sogenannte *Syntax* einer Sprache) halten. Die Kombination aus einem begrenzten Wortschatz und einer Syntax wird *Programmiersprache* genannt. BASIC ist eine solche Sprache.

Um noch einmal zusammenzufassen: Eine *Programmiersprache* ist eine Sammlung von Regeln (der Syntax), Wörtern und Symbolen (dem Wortschatz), die es dir gestatten, dem Computer in einem ihm verständlichen Format Befehle zu erteilen. Eine Folge von solchen Befehlen wird *Programm* genannt.

Dazu ein Beispiel: Angenommen wir möchten

2 + 2 addieren

und das Ergebnis sehen. In BASIC müßten wir schreiben

1 R = 2 + 2
2 PRINT R

wobei R für „Resultat" steht.

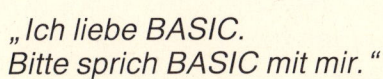

„Ich liebe BASIC.
Bitte sprich BASIC mit mir."

„Erinnerst du dich an mich? Ich bin das Programm. Ich bin aus Anweisungen zusammengesetzt."

Aber Moment mal... Wir haben eben gesagt, daß die einzige Sprache, die ein Rechner direkt verstehen kann, die *Maschinensprache* ist, und jetzt geben wir dem Rechner Befehle in einer Sprache ein, die so ähnlich wie Englisch aussieht. Ist das kein Widerspruch?

Es ist kein Widerspruch. Der Computer allein kann tatsächlich kein BASIC oder irgendeine andere *höhere Programmiersprache* (eine Sprache, die englisch-ähnliche Sätze benutzt) direkt verstehen. Deshalb muß ein Programm in einer höheren Programmiersprache, wie etwa BASIC, um vom Computer verstanden zu werden, erst von einem besonderen Programm *interpretiert* (= gedeutet) werden, das recht passend *Interpreter* heißt. Mit anderen Worten: Du sprichst mit deinem Computer BASIC über einen Interpreter. Daher muß dein Computer einen BASIC-Interpreter haben, um BASIC-Programme auszuführen. Schauen wir uns jetzt an, was ein Interpreter macht.

Der BASIC-Interpreter

Ein BASIC-Interpreter liest jeden BASIC-Befehl, den du auf der Tastatur eintippst, und übersetzt ihn automatisch in eine Folge von Befehlen in Maschinensprache, die dein Computer verstehen und ausführen kann. Dieser Vorgang ist vollständig unsichtbar für dich (d. h. er spielt sich innerhalb deines Computers ab). Sobald du das Interpreter-Programm deines Computers gestartet hast, kann er für alle praktischen Zwecke BASIC sprechen. Dein Computer kann möglicherweise genauso gut noch andere Programmiersprachen sprechen (falls die entsprechenden Interpreter zur Verfügung stehen).

Es gibt verschiedene Arten von BASIC-Interpretern, die du in deinem Computer benutzen kannst. Wir wollen hier die zwei wichtigsten Arten erklären: *eingebaute* und *nachladbare*.

Mit einem *eingebauten* BASIC-Interpreter sind die meisten kleinen Computer ausgestattet. Ein Interpreter heißt eingebaut, wenn er ständig im Speicher des Computers sitzt. Er ist sofort auf seinem Posten, wenn du den Rechner einschaltest oder ein Kommando wie B oder BASIC erteilst. Das BASIC-Bereitschaftszeichen (oder *Prompt* (>)) auf dem Bildschirm teilt dir mit, daß der Interpreter bereit ist, deine BASIC-Befehle auszuführen.

Ein eingebauter Interpreter hat meistens einen Haken: Er kann dir nur eine minimale Version von BASIC zur Verfügung stellen. Da ein eingebauter Interpreter den Speicher eines Computers dauerhaft belegt, muß er klein gehalten werden, weil die gesamte Speichergröße eines Computers begrenzt ist. Der Speicher eines Computers muß Programme, einschließlich des BASIC-Interpreters, aufnehmen und außerdem genügend Platz für Berechnungen, Systemverwaltung und zu verarbeitende Daten bereitstellen. Diese Anforderungen an den Speicherplatz begrenzen deshalb die Größe und infolgedessen die Vielseitigkeit eines Interpreters. In Rechnern mit wenig Speicherplatz ist der eingebaute Interpreter häufig ein „Minimal-BASIC", das dich in dem, was du mit dem Rechner machen kannst, einschränkt.

„Kennst du mich noch? Ich bin der BASIC-Interpreter und übersetze deine Anweisungen für den Computer. Ich bin ein Programm und sitze im Speicher des Computers."

Jedes eingebaute BASIC ist jedoch ausreichend, um das Programmieren in BASIC zu lernen, wenigstens im Rahmen dieses Buches. Später aber, wenn du gelernt hast, kompliziertere Programme zu schreiben, wirst du dir wahrscheinlich mehr Möglichkeiten wünschen. Daher wirst du dann einen *nachladbaren* Interpreter haben wollen.

„Wenn ich im Speicher bin, spricht dein Computer BASIC"

Um mehr Möglichkeiten bereitzustellen, muß ein Interpreter komplizierter und umfangreicher sein. Er wird dann auf einem Massenspeicher, wie etwa einer Kassette oder Diskette, aufbewahrt, um nicht ständig den größten Teil des verfügbaren Speicherplatzes zu belegen. Für die meisten kleinen Computer ist es gewöhnlich erforderlich, zusätzlichen Speicherplatz zu kaufen, um den größeren Interpreter unterzubringen.

Ein leistungsfähiger Interpreter stellt dir Versionen von BASIC zur Verfügung, die (je nach Anbieter) *volles BASIC, erweitertes BASIC, Gleitkomma-BASIC* oder *fortgeschrittenes BASIC* heißen, oder, je nach der magnetischen Speicherart, *Kassetten-BASIC* oder *Disk-BASIC*. Normalerweise laufen alle Programme, die in eingebautem BASIC geschrieben sind, ohne Änderungen auch mit vollem BASIC. In einem solchen Fall werden die beiden Fassungen als *aufwärts kompatibel* (= verträglich) bezeichnet.

Um Kassetten- oder Disk-BASIC zu benutzen, mußt du zunächst den Interpreter von der Kassette oder Diskette in den Computerspeicher übertragen. So etwas heißt: den Interpreter laden. Du mußt dann ein Kommando, wie etwa FBASIC, geben, um deinen vollen BASIC-Interpreter zu starten. Der Interpreter zeigt dann ein Bereitschaftszeichen an, das im allgemeinen anders ist als das Bereitzeichen des eingebauten BASIC, um jegliche Verwechslungen zu vermeiden. Nur dann kannst du BASIC-Befehle eingeben.

Wir wollen nun erklären, was BASIC ist, wie es erfunden wurde, und welche Dialekte es inzwischen gibt.

Was ist BASIC?

Höhere Sprachen sind erfunden worden, um es dem Anwender leichter zu machen, einem Computer Befehle zu geben, d. h. um ihn zu programmieren. Im Laufe der Jahre sind Hunderte von Programmiersprachen erfunden worden.

In der ersten Zeit wurden Computer hauptsächlich für wissenschaftliche Zwecke benutzt. Die ersten Programmiersprachen waren entwickelt worden, um numerische Berechnungen zu erleichtern. So wurde der Großvater der Sprachen, FORTRAN (FORmular TRANslator = Formelübersetzer), bewußt so entworfen, daß numerische Berechnungen leicht durchgeführt werden konnten. FORTRAN hatte jedoch eine Menge Nachteile. Daher wurde noch eine Vielzahl neuer Sprachen erfunden. BASIC war eine dieser Sprachen, COBOL, APL und Pascal waren andere, die immer mehr benutzt wurden.

Die Erfindung von BASIC stellte einen wichtigen Durchbruch dar. BASIC wurde unter dem Gesichtspunkt entwickelt, eine einfache und leicht erlernbare Sprache zur Verfügung zu haben. Außerdem ist BASIC *interaktiv*. Schauen wir uns einmal an, was das heißt.

BASIC steht für **B**eginners **A**ll-purpose **S**ymbolic **I**nstruction **C**ode (= symbolischer Allzweckbefehlscode für Anfänger). Es wurde 1964 von John Kemeny und Thomas Kurtz am Dartmouth College erfunden, die mit einem Stipendium der National Science Foundation arbeiteten. Das Ziel der beiden war es, eine Sprache zu entwerfen, die so einfach ist, daß sie von Anfängern benutzt werden kann. Es gelang ihnen, dieses Ziel zu erreichen. Bis heute ist BASIC eine der Programmiersprachen, die am einfachsten zu erlernen sind.

BASIC war tatsächlich die erste interaktive Sprache. Der Benutzer konnte sich mit dem Programm am Terminal unterhalten. Im Gegensatz dazu steht das Übermitteln von Stapeln gelochter Karten, wie dies bei älteren Sprachen üblich war. BASIC lief ursprünglich auf dem GE225 Timesharing-System des Dartmouth College. Terminals standen überall auf dem Universitätsgelände zur Verfügung, und viele Benutzer konnten praktisch gleichzeitig auf den Computer zugreifen.

Der Erfog von BASIC war überwältigend. General Electric (GE) entschloß sich sofort, es kommerziell zu nutzen. Kemeny und Kurtz veröffentlichten 1967 ihr erstes Buch über BASIC. Auch Hewlett Packard (HP) und Digital Equipment Corporation (DEC) entschlossen sich, BASIC für die meisten ihrer Computer lieferbar zu machen.

BASIC bietet zwei größere Vorteile gegenüber Sprachen wie FORTRAN:

1. **Für den Benutzer:** BASIC ist die Sprache, die am einfachsten zu erlernen ist, *besonders* für den Anfänger.
2. **Für den Hersteller:** BASIC ist die einfachste Sprache, mit der man Computer ausstatten kann. Weil die Sprache einfach ist, ist der Interpreter ebenfalls einfach und erfordert nur wenig Speicherplatz.

Ein dritter Grund trägt ebenfalls zu dem gewaltigen Erfolg von BASIC bei: das Erscheinen von billigen Mikrocomputern. Als diese gegen Ende der siebziger Jahre überall zu kaufen waren, wurde BASIC die universelle Sprache auf diesen kleinen Computern. Weil der BASIC-Interpreter für eine vereinfachte Version von BASIC nur 4K (4.096 Bytes) Speicher erfordert, konnten selbst die kleinsten Computer ein eingebautes BASIC aufnehmen. (Du erinnerst dich sicherlich, daß mit dem eingebauten BASIC der Interpreter gemeint ist, der fest im Speicher des Computers sitzt.) Die größeren, moderneren Computer haben größere Speicher (64K und mehr

– wobei 1K für 1024 Bytes steht) und können deshalb leistungsfähigere Versionen von BASIC zur Verfügung stellen.

Heute wird BASIC auf fast allen Computern benutzt. In all den Jahren haben die Hersteller Erweiterungen und neue Möglichkeiten der Sprache hinzugefügt, so daß heutzutage BASIC wahrscheinlich die Computersprache ist, die am geringsten standardisiert ist. Nich einmal zwei BASIC-Versionen sind gleich. Tatsache ist, daß BASIC eine Familie von Sprachen geworden ist und nicht mehr nur eine einzige Sprache darstellt.

Obgleich viele Standards vorgeschlagen wurden, hat sich keiner durchgesetzt, und es ist unwahrscheinlich, daß dies zu diesem späten Zeitpunkt noch geschieht. Heißt das nun, daß du für jeden Computer BASIC neu lernen mußt? Nicht ganz. Wenn du einmal mit den wesentlichen Begriffen von BASIC, die in allen Versionen vorkommen, vertraut bist, kannst du ganz leicht die Verbesserungen erlernen, die jede einzelne Version anbietet. Jedes BASIC hat im wesentlichen den gleichen Kern von Befehlen. Du lernst mehr über diese Befehle, wenn du in diesem Buch weiterliest.

Welches BASIC?

Für deinen Computer sind möglicherweise *verschiedene* BASIC-Versionen vorhanden. Wir haben vorher die beiden wichtigsten Arten von BASIC beschrieben: das eingebaute BASIC (im allgemeinen ein Mini-BASIC) und das nachladbare BASIC (ein volles oder erweitertes BASIC). Wir wollen jetzt kurz einige ihrer Unterschiede untersuchen.

Ein „Mini-" oder „abgemagertes BASIC" hat weniger Möglichkeiten und Annehmlichkeiten als ein „volles" oder „erweitertes BASIC". Eine übliche Einschränkung eines Mini-BASIC ist die, daß es nur mit ganzen Zahlen arbeiten kann; d. h. es kann nicht mit Dezimalbrüchen umgehen. Diese BASIC-Version wird auch „Integer BASIC" (ganzzahliges BASIC) genannt. Im Gegensatz dazu heißt eine verbesserte Version von BASIC, die auch Dezimalbrüche handhaben kann, „floating-point BASIC" (Gleitkomma-BASIC). Diese Möglichkeit ist sehr zu begrüßen, wenn du vorhast, Berechnungen durchzuführen. Ein Mini-BASIC wird im allgemeinen Informationen auf einer Kassette, aber nicht auf einer Diskette abspeichern. Außerdem wird es im allgemeinen nur Programme, aber keine Daten abspeichern. Er arbeitet daher nicht mit „Dateien". Normalerweise kann es nur Informationen bearbeiten, die Teil eines Programmes sind oder die über die Tastatur eingegeben werden. Im Gegensatz dazu bietet ein volles BASIC, das zusammen mit Platteneinheiten benutzt wird, beträchtliche Annehmlichkeiten und Leistungen bei der Handhabung von Sammlungen von Informationen (Dateien) und Programmen.

Einige Hersteller liefern sogar noch fortschrittlichere BASIC-Versionen, die für den jeweiligen Hersteller charakteristisch sind. Der Anwender wird im allgemeinen durch das Etikett „erweitertes BASIC" auf diese Tatsache aufmerksam gemacht. Das bedeutet, daß leistungsfähigere Mittel für den geübten Programmierer vorhanden sind. Die Verwendung dieser speziellen Mittel macht jedoch ein BASIC-Programm für andere BASIC-Interpreter unverträglich.

Das in diesem Buch verwendete BASIC ist ein universales Mini-BASIC, so daß du dir Fertigkeiten aneignen kannst, die auf alle Versionen von BASIC anwendbar sind. Wir werden jedoch während des ganzen Textes auf häufig vorkommende Abweichungen oder Erweiterungen hinweisen.

Du brauchst dir also wirklich keine Sorgen über die BASIC-Version zu machen, die du gerade benutzt. Wenn du schwierigere Programme schreiben möchtest, kannst du später die Beschreibung der BASIC-Version studieren, die du benutzen willst. Außerdem werden im letzten Kapitel dieses Buches viele der fortgeschrittenen Möglichkeiten von BASIC vorgestellt.

Nachdem wir einiges über Programmiersprachen im allgemeinen und BASIC im besonderen verstanden haben, wollen wir jetzt mehr über den Computer lernen und sehen, wie er Informationen verarbeitet.

Dein Computer

Dein Computer verarbeitet Informationen und verständigt sich mit dir über eine *Tastatur*, einen Bildschirm und eventuell einen Drukker. Die Tastatur benutzt du, um dem Computer Informationen zu senden. Jedesmal wenn eine Taste betätigt wird, wird der elektronische Code für das entsprechende Zeichen dieser Taste zum Computer gesendet, wo es erkannt und befolgt oder ignoriert wird. Die Tastatur ist ein *Eingabegerät*, sie versorgt den Computer mit Informationen.

„Ich bin robust, und wenn du mich erst richtig kennst, wirst du sehen, wie nützlich und hilfsbereit ich sein kann."

„Dies ist meine Tastatur."   „Ich brauche eine Eingabe von dir, damit ich weiß, was ich tun soll."

Der *Bildschirm* oder die CRT (cathode ray tube = Kathodenstrahlröhre)-Anzeige gibt Informationen aus, die von einem Programm erzeugt wurden. Normalerweise erscheint jedes Zeichen, das du über die Tastatur eingibst, auf dem Bildschirm. Es wird erst zum Rechner gesendet und kommt dann als Echo auf den Bildschirm zurück. Im allgemeinen gibt es keine direkte Verbindung zwischen Tastatur und Bildschirm. Alle Mitteilungen gehen über den Rechner. Dies ist hier unten dargestellt.

Die Tastatur schickt Informationen zum Computer.

Je nach Systemgestaltung befindet sich der *eigentliche Computer* entweder in einem getrennten Gehäuse, oder er ist mit der Tastatur, dem Bildschirm und/oder den Platteneinheiten in einem Gehäuse zusammengefaßt. Unabhängig vom Aufbau enthält der eigentliche Computer eine Verarbeitungseinheit (genannt: central processing unit), einen Speicher und verschiedene Interface-Karten (Steckkarten, auf denen eine Reihe von elektronischen Bausteinen sitzen, die zum Anschluß von Drucker und anderen Geräten dienen). Diese drei Bestandteile wollen wir uns einmal etwas näher ansehen.

Die *zentrale Verarbeitungseinheit* (CPU) holt sich einen Programmbefehl nach dem anderen aus dem Speicher und führt sie nacheinander aus. Eine CPU erfordert nur wenige Einzelteile. Diese Einzelteile heißen integrierte Schaltkreise oder „Chips". Alle Mikrocomputer verwenden als Hauptbestandteil der CPU einen Mikroprozessor-Chip. Ein typischer Chip ist unten in der Zeichnung dargestellt.

Der *Speicher* speichert Programme und all die Informationen, die die Programme bearbeiten, lesen oder während der Ausführung erzeugen. Um ein Programm auszuführen, muß es zuerst in den Speicher des Rechners gebracht werden. Wenn z. B. das Programm ursprünglich auf Kassette oder Diskette abgespeichert ist, muß es zunächst in den Speicher des Computers übertragen werden. Dazu sagen wir „ein Programm *laden*". Es muß genug Speicherplatz im Computer vorhanden sein, um das größte Programm plus der Daten, die das Programm bearbeiten will, aufnehmen zu können.

In deinem Computer sind zwei Arten von Speichern vorhanden: ROM und RAM. Die „normale" Art von Speicher, die du benutzen wirst, um deine Programme zu speichern, heißt RAM oder Random Access Memory (= Speicher mit wahlfreiem Zugriff). RAM ist ein Schreib-/Lesespeicher: Informationen können in einem RAM geschrieben und aus ihm herausgelesen werden. Ein RAM sieht genauso aus wie der unten gezeigte Mikroprozessor. Lediglich

„Dies ist ein Mikroprozessor-Chip."

die „Innereien" dieses Chips sind etwas anders aufgebaut. Leider ist bei dem gegenwärtigen Stand der Technik diese Art von Speicher nicht sicher („flüchtig"): der Inhalt eines RAM verschwindet, sobald du den Strom abschaltest. Deshalb mußt du nach jeder Arbeitsphase deine Programme auf einem sicheren Medium abspeichern, wenn du sie behalten möchtest. Denke daran, daß außerdem ein BASIC-Interpreter im Speicher (entweder RAM oder ROM) sein muß, bevor du deine BASIC-Programme starten kannst.

ROM steht für Read only Memory (= Nur-Lesespeicher). Diese Art von Speicher ist für immer mit einem Programm vom Hersteller in den Rechner eingebaut worden und kann nicht verändert werden. Dieser Speicher ist sicher und nicht zu löschen. Normalerweise enthält er einen BASIC-Interpreter und ein besonderes Programm, den *Monitor* (oder Überwacher). Den Monitor brauchst du, um dich mit deinem Rechner unterhalten zu können, sobald er eingeschaltet ist.

Wenn dein ROM gar nichts enthalten würde, wüßte dein Rechner nicht, was er tun sollte, wenn du eine Taste betätigst. Dein ROM muß wenigstens einen Monitor enthalten. Dieses Monitorprogramm untersucht die Informationen, die du über die Tastatur ein-

Wenn du kein Programm in den Speicher packst, tut der Computer überhaupt nichts.

gibst, und reagiert darauf, indem es interne Arbeiten verrichtet, wie etwa den eingebauten BASIC-Interpreter zu starten oder ein Programm von Kassette zu laden.

Du kannst das ROM nicht dazu benutzen, um irgendwelche anderen Programme zu speichern. Alle anderen Programme, die du in deinen Speicher eingibst, werden in die RAMs geladen. Manchmal kannst du auch Programmkarten für deinen Rechner kaufen. In diesem Fall sind die Programme in ROM-Chips auf der Karte abgespeichert.

Wenigstens zwei zusätzliche Geräte werden häufig an einen Rechner angeschlossen: Massenspeicher und Drucker. Diese Geräte werden über *Interface*-Karten angeschlossen, die die erforderliche Elektronik enthalten, um spezielle Geräte anzuschließen. Der Massenspeicher kann ein Kassettenrecorder oder ein oder mehrere *Plattenspeicher* sein. (**Anmerkung:** Beide Geräte benutzen ein magnetisches Medium, um Informationen aufzuzeichnen, und können viel mehr Informationen abspeichern als der eingebaute Speicher des Rechners.) Diese besonderen Geräte erfordern ein spezifisches Interface, das es ihnen gestattet, sich mit dem Rechner zu unterhalten. Die meisten Mikrocomputer haben ein eingebautes Interface für ein Tonbandgerät; im allgemeinen ist jedoch eine eigene Interface-Karte erforderlich, um eine oder mehrere Platteneinheiten und den Drucker an den Rechner anzuschließen.

Ein Drucker ist erforderlich, um dauerhafte Ausdrucke von Programmen oder Ergebnissen zu bekommen. Ein Drucker ist ein *Ausgabegerät*, genauso wie ein Bildschirm. Es gibt in BASIC bestimmte Befehle, um entweder dem Bildschirm oder dem Drucker Informationen zuzusenden.

Zum Schluß noch etwas zum *Modem*, einem anderen gelegentlich benutzten Gerät. Mit einem Modem kannst du über eine ganz gewöhnliche Telefonleitung mit anderen Computern oder Terminals

Das Monitor-Programm läuft ständig. Es erledigt allgemeine Aufgaben.

Verbindung aufnehmen. Es ist nützlich, wenn du kommerzielle Netzwerke benutzen oder auf *Datenbanken* (Sammlungen von Informationen) zugreifen willst.

Nun hast du das erforderliche Vokabular gelernt. Bevor du jedoch mit Kapitel 2 fortfährst und anfängst, mit dem Rechner umzugehen, will ich noch eine *Warnung* vorausschicken.

Computer und ihre Regeln

Computer sind schnell, geduldig und genau. Sie tun nur das, was du ihnen sagst. Das aber tun sie ganz genau. Damit du dich mit deinem Computer erfolgreich verständigen kannst, mußt du also sehr genau sein. Wenn du beim Schreiben von BASIC-Befehlen einen Fehler machst, zerstörst du zwar nichts im Rechner, aber dein Programm wird nicht erfolgreich ausgeführt. Es wird im allgemeinen stehenbleiben und die Meldung SYNTAX ERROR (= Fehler in der Schreibweise) ausgeben.

Erinnerst du dich? Die *Syntax* ist eine Reihe von Regeln, die angeben, wie wir BASIC-Befehle richtig schreiben. Syntaxregeln sind streng. Deshalb mußt du dich immer an die exakte Schreibweise halten und darfst keine Schreibweise benutzen, die nur so ungefähr ähnlich ist. Wenn die Regel einen Punkt vorschreibt, kannst du stattdessen kein Komma oder Semikolon benutzen. Jedes Zeichen hat eine ganz genaue Bedeutung. Jede Abweichung erzeugt Fehler oder aber unerwartete Ergebnisse.

Denke daran, daß dein Programm höchstwahrscheinlich nicht läuft, wenn du dich nicht genau an die Regeln hältst. Versuche nicht, kreativ zu sein. Die Regeln sind leicht und einfach und du kannst dich gut daran halten, wenn du Programmbefehle schreibst. Es ist das beste, wenn du dir deine Kreativität für den groben Programmentwurf und für das Planen der Unteraufgaben, die du ausführen möchtest, aufbewahrst. Ganz kurz, es ist wichtig, daß du dich sorgfältig an die Anweisungen und Empfehlungen hältst, die in diesem Buch gegeben werden.

„*Denk daran . . .
sei genau.*"

Wir unterhalten uns mit dem Computer

2

In diesem Kapitel wirst du lernen, wie du dich mit deinem Computer verständigen kannst. Du wirst lernen, BASIC-Befehle zu erteilen, und den Computer veranlassen, Wörter und Sätze anzuzeigen. Die zwischen dir und dem Rechner ausgetauschten Informationen werden Programme (Befehle in BASIC, die du erteilst) und Daten (die Zahlen und Buchstaben, die du eingibst oder erhältst) umfassen.

Du wirst zunächst lernen, die Tastatur des Computers zu benutzen, so daß du anfangen kannst, Befehle abzuschicken. Insbesondere wirst du lernen, den Cursor (Zeiger) über den Bildschirm zu bewegen und Tippfehler zu berichtigen. Du wirst dann deine ersten Befehle in BASIC erteilen und durch den Computer Mitteilungen auf den Bildschirm bringen. Du wirst den Unterschied zwischen *unmittelbarer* und *mittelbarer* Ausführung kennenlernen. Schließlich wirst du die Schritte lernen, die mit dem Schreiben und der Ausführung eines Programms verbunden sind. Am Schluß dieses Kapitels wirst du mit den grundlegenden Fähigkeiten vertraut sein, die für die Verständigung mit deinem Rechner nötig sind.

Der Gebrauch der Tastatur

Auf dem Bild unten siehst du eine Computertastatur. Du siehst, daß sie wie eine gewöhnliche Schreibmaschinentastatur aussieht, abgesehen von ein paar zusätzlichen Tasten.

Eine Computer-Tastatur

Bei Computertastaturen gibt es verschiedene Formen und Tastenkombinationen. Die verschiedenen Tastaturen stimmen im wesentlichen überein und unterscheiden sich nur in einigen Sondertasten.

Die wichtigsten Tasten sind:
1. Die Buchstaben des Alphabets (von A bis Z),
2. die Ziffern von 0 bis 9,
3. Symbole, wie etwa =, +, *, " und $,
4. eine „Wagenrücklauf"-Taste, üblicherweise als RETURN, CR oder ← gekennzeichnet,
5. eine SHIFT-Taste (= Umschalttaste) und eine CONTROL (CTRL)-Taste,
6. eine RUBOUT- oder DELETE-Taste zum Löschen, eine ESC- sowie eine BREAK-Taste.

Einige Tastaturen bieten zusätzliche Tasten, wie etwa eine getrennte numerische Tastatur und Spezialtasten. Wir werden jetzt die Funktion und die Anwendbarkeit all dieser Tasten untersuchen.

Lerne die Tastatur kennen.

Buchstaben, Zahlen und Symbole

Der Zweck der *Buchstaben-, Zahlen-* und *Symboltasten* ist offensichtlich. Sie werden für die gleichen Zwecke benutzt wie die Tasten einer gewöhnlichen Schreibmaschine.

Wagenrücklauf

Bei einer Schreibmaschine führt der Wagenrücklaufhebel oder die Wagenrücklauftaste zwei Dinge aus: Der Wagen wird an den Zeilenanfang zurückgeführt, und das Papier wird zur nächsten Zeile vorgeschoben. Genauso bewegt bei einem Computer die RETURN-Taste im allgemeinen den *Cursor* auf dem Bildschirm zum Anfang der nächsten Zeile. (Der Cursor ist ein blinkendes Quadrat oder ein Markierungsstrich (_), der die nächste Stelle angibt, an der ein Zeichen auf dem Bildschirm dargestellt wird.) Auf einem Computer könnte man die RETURN-Taste passenderweise ENTER- oder Eingabetaste nennen, da ihre Hauptfunktion darin besteht, ein Zeichen oder eine Zeile mit Text oder Daten in den Speicher des Computers einzugeben. Tatsächlich wird auf einigen Tastaturen diese Taste jetzt mit ENTER beschriftet. Andere bezeichnen sie mit einem Pfeil (←).

Auf alle Fälle muß jeder Befehl an den Computer, einschließlich der BASIC-Befehle, mit einem RETURN abgeschlossen werden. Das RETURN heißt soviel wie „trage die Zeile in den Speicher ein". Es stimmt wirklich: Alles was du in eine Zeile tippst, wird so lange vom Computer nicht beachtet, bis du RETURN tippst. Auf diese Weise kannst du jeden Fehler, den du gemacht hast, korrigieren, bevor du die Zeile in den Computerspeicher eingibst.

RETURN wird nur während des Eintippens benutzt. Diese Taste wird zwar für die Eingabe benötigt, ist aber im Prinzip kein eigenständiges Zeichen. Wenn also ein Wort eingegeben wird, gehört die RETURN-Taste nicht mit zum Wort. Um dir beim Lernen zu helfen, werden wir dir in diesem einführenden Kapitel alle einzutippenden Zeichen zeigen und an das Ende einer jeden Zeile ein Symbol setzen, das für ein RETURN steht. Als Symbol nehmen wir ⏎.

Denke daran: Du mußt die RETURN-Taste tippen, um einen Befehl an den Computer weiterzugeben. Ohne RETURN geschieht nichts. Wenn der Computer dich später nach Werten fragt, drücke nach jeder Antwort die RETURN-Taste.

Umschalten

Die Umschalttaste oder Shift-Taste funktioniert genauso wie bei einer Schreibmaschine. Sie erlaubt dir, zwischen den unteren und oberen Symbolen auf den Tasten umzuschalten. Mit Ausnahme der Buchstabentasten sind auf die meisten Tasten zwei Symbole aufgedruckt, eins unten und eins oben. Solange du die Umschalttaste nicht drückst, wird beim Tippen der Taste das untere Symbol angesprochen. Drückst du eine Taste zusammen mit der SHIFT-Taste, so wird das obere Symbol ausgegeben. Mit den Buchstabentasten kannst du normalerweise Groß- und Kleinbuchstaben erzeugen.

Bei einigen einfachen Tastaturen erzeugen die Buchstabentasten nur große Buchstaben; der Platz für kleine Buchstaben wird für andere Symbole oder Funktionen benutzt. Das „Standard"-BASIC verlangt, daß alle Befehle nur in großen Buchstaben geschrieben werden. Deshalb werden wir in diesem Buch nur Großbuchstaben in unseren Programmen verwenden. Wenn deine Tastatur kleine Buchstaben anbietet, kannst du genausogut Text mit kleinen Buchstaben eingeben und verarbeiten. Die meisten Tastaturen verfügen auch über eine CAPS LOCK-Taste (eine Feststelltaste für Großschrift), mit der du die Tastatur in der oberen Position feststellen kannst. Wenn du die CAPS LOCK-Taste *noch einmal* drückst, wird die „Feststellung" wieder gelöst (bei einigen Rechnern geht dies auch mit der SHIFT-Taste). Der Zweck der SHIFT-Taste liegt darin, die Gesamtzahl der Tasten zu verringern. Die Benutzung von SHIFT verdoppelt die Anzahl der Symbole oder Kommandos, die jede Taste erzeugen kann.

Probiere jetzt mal aus, was du gerade gelernt hast. Nimm deine Tastatur und drücke auf irgendwelche Tasten, egal welche, es geht nichts kaputt. Benutze die SHIFT-Taste und achte auf die Zeichen, die auf dem Bildschirm erscheinen. Jetzt tippe RETURN und sieh dir an, was passiert.

CONTROL

Mit der CONTROL- (oder CTRL-)Taste kannst du häufig benutzte Kommandos an deinen Computer in Kurzschrift erteilen. Es gibt sie nicht auf Schreibmaschinen. Die CTRL-Taste wird genauso benutzt wie die SHIFT-Taste: indem du sie herunterdrückst, festhältst und gleichzeitig eine andere Taste auf der Tastatur drückst. So wird „ein Kontrollzeichen erzeugt". Z. B. erzeugen wir ein „CTRL A", indem wir die CTRL- und die A-Taste zusammen drücken. Das ist eine bequeme Art, um einen Kommando- oder Kontrollcode zu erzeugen — du drückst nur zwei Tasten!

(**Anmerkung:** *Kontrollcodes* sind dafür da, den Gebrauch häufig benutzter Kommandos zu erleichtern, wie etwa, den Cursor über den Bildschirm zu bewegen, d. h. nach links oder rechts, nach oben oder unten, um eine Stelle, ein Wort oder einen Satz, und um Zeichen oder ganze Zeilen mit Text zu löschen oder einzufügen.) Jedes Programm hat seine speziellen Kontrollzeichen. Die jeweiligen Programmdokumentationen erklären die Wirkungsweise der einzelnen Tasten. Wir werden in diesem Buch keine Kontrollcodes benutzen. Du möchtest aber vielleicht wenigstens einen lernen: den Code, der erforderlich ist, um ein Programm zu stoppen, das sich schlecht benimmt (häufig CTRL C).

RUBOUT/DELETE

Die RUBOUT- (= auswischen) oder DELETE(„Lösch")-Taste kannst du für genau diesen Zweck benutzen, nämlich das Löschen. Es kann sein, daß sie nicht auf allen Tastaturen vorhanden ist, da du den gleichen Effekt erzielten kannst, wenn du den Cursor über ein Zeichen zurückbewegst.

ESC oder BREAK oder RESET

Die ESC- oder BREAK-Taste wird in manchen Programmen als Standard-„Kontrollcode" verwendet. Sie erlaubt dir das Stoppen jedes Programmes, indem du nur eine Taste drückst. Jedes Programm, sei es nun der BASIC-Interpreter oder dein eigenes Programm, muß einen besonderen Befehl wie etwa END oder EXIT vorsehen, der seine Ausführung beendet. Falls jedoch etwas Unerwartetes passiert und du die Programmausführung unverzüglich stoppen möchtest, kannst du im allgemeinen die ESC-Taste benutzen. Häufig kannst du auch einen Kontrollcode (wie etwa CTRL C) verwenden, nimm deshalb die CTRL-Taste, um diese Funktion auszuführen.

Die numerische Tastatur

Die numerische Tastatur (links abgebildet) ist besonders bei geschäftlichen Anwendungen nützlich, wenn schnell Zahlen eingetippt werden müssen. Sie wird in etwa wie die Tastatur eines Taschenrechners bedient. Ihre Tasten sind in der Wirkung identisch mit den entsprechenden Tasten der normalen Tastatur (0 bis 9, +, −, x, ÷ und =).

Eine numerische Tastatur

Die Funktionstasten

Die Funktionstasten werden als bequeme Möglichkeit benutzt, um dem Computer häufig verwendete Kommandos zu erteilen. Wenn du eine einzige Funktionstaste drückst, hat das die gleiche Wirkung, als wenn du ein langes Kommando wie PRINT oder EXECUTE tippen würdest.

Du brauchst daher nur eine einzige Taste zu drücken, um ein Zeichen zu löschen, einen Block einzufügen oder ein Programm zu starten. Diese Tasten sind bei jedem Hersteller anders und sparen Tipparbeit. Übliche Tasten sind: SCROLL (= Hochrollen), CLEAR (= Löschen), PAGE UP (= Seite hoch), PAGE DOWN (= Seite runter) und Tasten, die den Cursor bewegen: ↑, ↓, ←, → und HOME (= nach links oben).

Der Cursor

Erinnerst du dich, daß der Cursor ein Quadrat oder ein Strich auf dem Bildschirm ist, der dir die laufende Position anzeigt? Üblicherweise blinkt er, so daß du ihn einfach erkennen kannst. Hier ist ein Cursor, der dir anzeigt, wo du auf dem Bildschirm bist, nachdem du HALLO eingetippt hast:

> \>HALLO□

Wenn du den Cursor auf dem Bildschirm vor und zurück, nach oben und unten bewegst, kannst du Zeichen überschreiben und jeden Text verändern, den du vorher geschrieben hast. Das ist eine große Erleichterung, wenn du Änderungen vornehmen willst. Du wirst den Cursor sicher noch ausgiebig benutzen, um Tippfehler zu korrigieren.

Die meisten Tastaturen verfügen über wenigstens vier Funktionstasten, um den Cursor auf dem Bildschirm zu bewegen: ↑, ↓, ←, →.

Lerne, den Cursor auf dem Bildschirm zu bewegen.

Vielleicht möchtest du dich jetzt an deine Tastatur setzen und einige von den Dingen ausprobieren, die du gerade gelernt hast. Wenn du das Gefühl hast, mit deiner Tastatur so einigermaßen klarzukommen, dann komme wieder und sieh dir an, wie du dem Rechner BASIC-Befehle eingeben kannst.

Wir sprechen BASIC

Damit du mit deinem Rechner BASIC sprechen kannst, benötigst du einen BASIC-Interpreter im Rechnerspeicher. Es kann auch sein, daß dein Rechner einen „eingebauten" BASIC-Interpreter besitzt. Dann brauchst du nichts zu tun. Einige Systeme verlangen jedoch, daß du folgendes eintippst

    B ↵

oder

    BASIC ↵

um den Interpreter zu starten. Wenn dein Rechner keinen eingebauten BASIC-Interpreter besitzt, mußt du ihn von einer Diskette oder Kassette laden.

Wenn der Interpreter gestartet worden ist, erhältst du z. B. folgende Bestätigung:

    XBASIC 2.1 READY
    >

XBASIC ist der Name des Interpreters; 2.1 bezeichnet die Version . Es werden immer wieder neue Versionen herausgegeben. Durch diese Zahl kannst du eine von der anderen unterscheiden. > ist das *BASIC-Zeichen*. (Das BASIC-Zeichen kann unterschiedlich sein. In diesem Buch werden wir das >-Symbol verwenden.) Das BASIC-Zeichen ist eine Nachricht des BASIC-Interpreters. Sie lautet: „Ich bin bereit. Mach' weiter und sag' mir, was zu tun ist." Sobald du dieses Symbol siehst, weißt du, daß der BASIC-Interpreter bereit ist und auf deine Befehle wartet.

Machen wir nun weiter und nehmen wir an,

1. daß ein BASIC-Interpreter im Speicher deines Rechners ist,
2. daß das von deinem Interpreter benutzte BASIC-Zeichen (hier durch das >-Symbol dargestellt) auf dem Bildschirm erscheint.
   Falls das BASIC-Zeichen nicht auftaucht, drücke die RETURN-Taste und schau, was passiert. Wenn das nicht funktioniert, schalte den Rechner aus und starte ihn noch einmal.

Wir werden dem Rechner jetzt unseren ersten BASIC-Befehl erteilen. Tippe das folgende ein, und zwar genauso, wie es hier steht:

PRINT "HALLO"

Der Bildschirm sollte wie folgt aussehen:

```
XBASIC 2.1 READY
>PRINT "HALLO"□
```

Das > auf der linken Seite ist das *BASIC-Zeichen*, das dir sagt, daß der BASIC-Interpreter auf deinen Befehl wartet. Die Zeichen rechts davon sind gerade von dir getippt worden. Bis jetzt sollte nichts passieren. Erinnerst du dich, weshalb nicht? Es liegt daran, daß du erst RETURN drücken mußt, um deinen Befehl *einzugeben*. Tue dies jetzt. Nun müßte der Bildschirm wie folgt aussehen:

```
XBASIC2.1READY
>PRINT "HALLO"
HALLO
>□
```

Der Interpreter hat deinen Befehl erhalten und unmittelbar ausgeführt, indem er, wie verlangt, HALLO angezeigt hat.

Als nächstes zeigt der Interpreter ein neues Bereitzeichen an, um dir mitzuteilen, daß er für einen neuen Befehl bereit ist.

Untersuchen wir unseren ersten BASIC-Befehl doch etwas genauer:

 PRINT "HALLO"

Dieser Befehl hat zwei Teile: PRINT und „HALLO". PRINT ist ein *Schlüsselwort*, das eine ganz spezielle Bedeutung für den BASIC-Interpreter hat (so etwa: gib aus, drucke). „HALLO" ist die Mitteilung, die ausgegeben werden soll. Sie muß in Anführungszeichen eingeschlossen sein. Du kannst jede Mitteilung in Anführungszeichen setzen. Versuchen wir doch einmal folgendes:

 PRINT "DIES IST EIN WEITERER TEST" ⏎

Auf dem Bildschirm sollte jetzt das folgende erscheinen:

```
>PRINT "DIES IST EIN WEITERER TEST"
DIES IST EIN WEITERER TEST
>□
```

Versuche es noch einmal mit irgendeiner anderen Meldung. Laß deine eigene Mitteilung anzeigen, aber denke daran: Wenn du eines der Anführungszeichen vergißt oder PRINT falsch schreibst, funktioniert es nicht, und du bekommst eine Fehlermeldung. Probiere ruhig weiter, du kannst nichts beschädigen.

Vielleicht fragst du dich jetzt, warum dieser Befehl „PRINT" heißt, obwohl er doch in Wirklichkeit nur Informationen auf dem Bildschirm anzeigt und nicht druckt. Selbst wenn du einen Drucker an den Rechner angeschlossen hast, wird nichts gedruckt. Vielleicht hast du den Grund schon erraten. Die ersten Terminals waren Schreibmaschinen-ähnlich und druckten tatsächlich die Informationen aus. Obwohl sich die Technologie geändert hat, sind die BASIC-Befehle gleich geblieben. Um Informationen an den Drucker zu schicken, wird jetzt ein anderer BASIC-Befehl benutzt. Dieser Befehl heißt LPRINT, weil er dazu dient, Eintragungen in eine *Liste* zu machen.

Bevor wir jetzt fortfahren, überprüfe noch einmal, ob das BASIC-Zeichen auf dem Bildschirm erscheint, d.h. ob der BASIC-Interpreter bereit ist, ein weiteres Kommando anzunehmen. Wenn es nicht erscheint, kannst du kein BASIC-Kommando eingeben. Drücke dann RETURN oder CTRL C, oder, wenn das nicht hilft, versuche, dein System neu zu starten.

Wir werden jetzt unser erstes BASIC-Programm schreiben, anstatt nur einzelne Befehle oder Anweisungen auszuführen. Tippe folgendes:

```
10   PRINT "HALLO" ↵
20   PRINT "WIE GEHT'S?" ↵
30   END ↵
```

Dann sollte der Bildschirm folgendermaßen aussehen:

```
>10   PRINT "HALLO"
>20   PRINT "WIE GEHT'S?"
>30   END
>□
```

Vielleicht bist du jetzt überrascht, daß nichts passiert ist. Der Rechner antwortet nur mit einem >. Diese drei Zeilen sind mehr als nur drei BASIC-Befehle. Sie bilden ein kurzes BASIC-*Programm*. Beachte, daß jede Zeile mit einer Zahl anfängt; diese Zahl wird *Zeilennummer* genannt. Sie sagt dem Rechner, daß wir nun ein vollständiges Programm schreiben und nicht jeden Befehl unmittelbar ausgeführt haben wollen. Tippe jetzt:

RUN ↵

„Los!"

(**Beachte:** Dieses Kommando kann bei einigen Interpretern etwas anders aussehen.) Auf dem Bildschirm solltest du jetzt folgendes sehen:

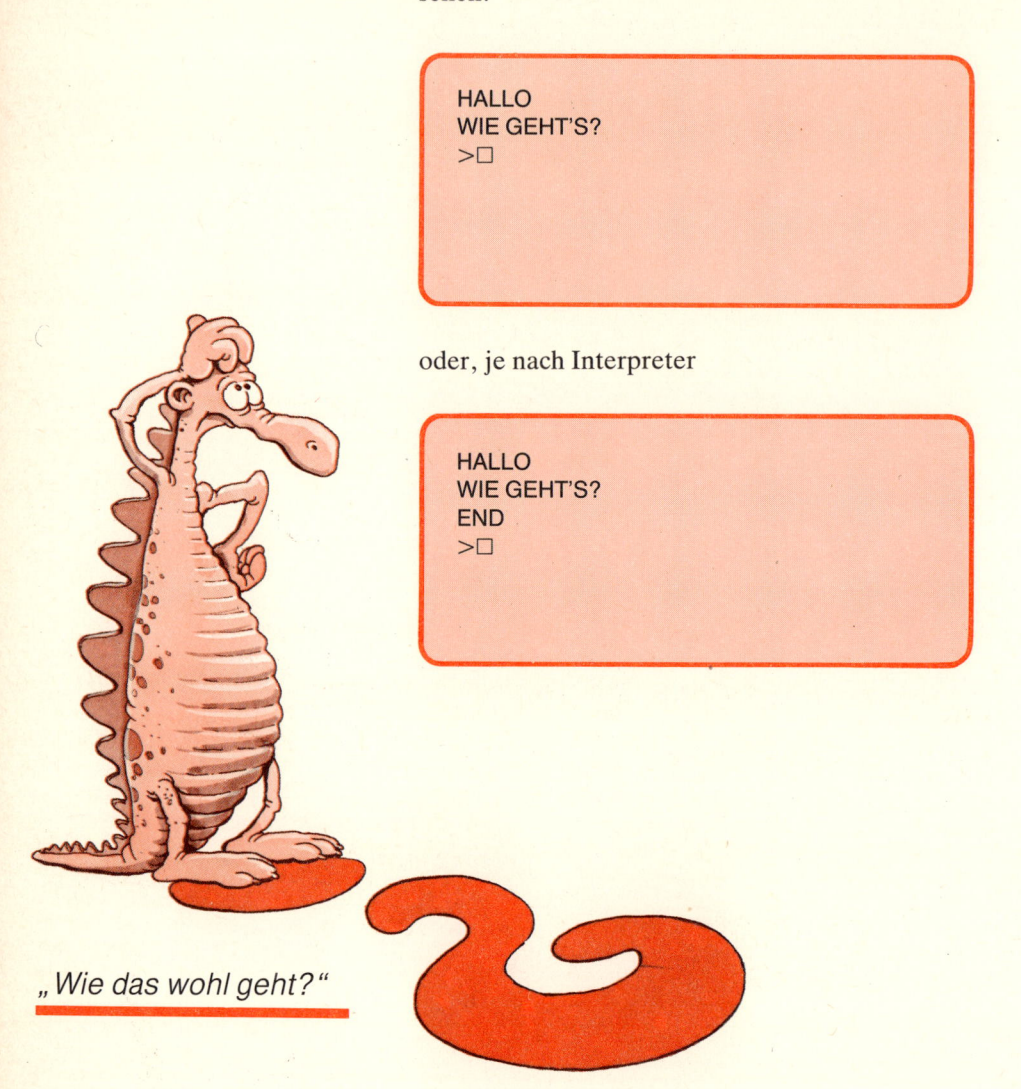

```
HALLO
WIE GEHT'S?
>▯
```

oder, je nach Interpreter

```
HALLO
WIE GEHT'S?
END
>▯
```

„Wie das wohl geht?"

Wie funktioniert das nun? Wir haben zuerst ein dreizeiliges Programm erstellt und es im Speicher Zeile für Zeile abgelegt, indem wir RETURN gedrückt haben. Dann haben wir mit dem Tippen von RUN das Programm gestartet. Das ist der normale Weg, um ein Programm zu schreiben und zu starten. Wir werden dieses Verfahren von jetzt an immer befolgen. Allen Zeilen wird eine Zahl vorangestellt, und das Programm wird automatisch in der Reihenfolge der Zeilennummern ausgeführt.

Wenn du einmal als Antwort auf ein > einen BASIC-Befehl ohne Zeilennummer eintippst, führt der Rechner ihn sofort aus und speichert ihn nicht ab. So etwas heißt in BASIC *unmittelbare* oder *sofortige Ausführung* der Befehle oder *Taschenrechner-Modus*. Wenn du einmal als Antwort auf ein > einen BASIC-Befehl mit vorangestellter Zeilennummer eintippst, wird dieser Befehl abgespeichert, sobald du RETURN tippst, aber erst ausgeführt, wenn du RUN eingibst. Das heißt dann *mittelbare* oder *verzögerte Ausführung* der Befehle oder *Programmier-Modus*. Sehen wir uns jetzt an, wie das funktioniert.

Unser dreizeiliges Programm ist im Speicher abgelegt worden. Es kann beliebig oft ausgeführt, erweitert oder verändert werden. Wenn du noch einmal

    RUN ↵

eingibst, erscheint

```
HALLO
WIE GEHT'S?
>□
```

Untersuchen wir jetzt den Rechnerspeicher und lassen seinen Inhalt ausgeben:

    LIST ↵

Nun wirst du die folgende Anzeige auf dem Bildschirm sehen:

```
10   PRINT "HALLO"
20   PRINT "WIE GEHT'S?"
30   END
>□
```

Dein Programm wird auf dem Bildschirm so aufgelistet, wie es im Computerspeicher abgelegt wurde.

Du kannst dieses erste Programm sogar auf Kassette oder Diskette speichern, wenn du willst. Der übliche Befehl, um dies zu erreichen, ist

    SAVE ↵

Du kannst das Programm dann später wieder in den Rechnerspeicher lesen, indem du

    LOAD ↵

eingibst. Um den Unterschied zwischen sofortiger und verzögerter Ausführung zu demonstrieren, tippe

    PRINT "AUF WIEDERSEHEN" ↵

Auf dem Bildschirm siehst du jetzt:

```
>PRINT "AUF WIEDERSEHEN"
AUF WIEDERSEHEN
>□
```

Tippe jetzt noch einmal

    LIST ⏎

und du wirst auf dem Bildschirm folgendes sehen:

```
10   PRINT "HALLO"
20   PRINT "WIE GEHT'S?"
30   END
>□
```

Der neue Befehl PRINT "AUF WIEDERSEHEN" ist nirgendwo zu sehen. Er ist nicht abgespeichert worden.

Wenn du keine Zeilennummer benutzt hast, ist die Anweisung weg!

Programm-Zusammenfassung

Das war jetzt eine Menge Neues für dich. Wir wollen das Wesentliche noch einmal kurz zusammenfassen.

Ein sofortiger Befehl wird ausgeführt, sobald du ihn eingetippt hast. Er wird nicht in den Rechnerspeicher abgelegt, und du mußt ihn jedesmal eintippen, wenn du möchtest, daß er ausgeführt wird. Diese Einrichtung wird als *sofortiger Ausführungsmodus* bezeichnet. In der Praxis wird dieser Modus selten benutzt — in der Regel dann, wenn du nach der Unterbrechung eines Programms einige Werte überprüfen möchtest. Probiere das ruhig aus, indem du BASIC-Befehle eintippst und beobachtest, was passiert.

Wird einer Programmzeile eine Nummer vorangestellt, wie das bei jeder Zeile eines BASIC-Programms erforderlich ist, sprechen wir vom *„verzögerten Ausführungsmodus"*.

Wenn du das vollständige Programm eingetippt hast, gib einfach den RUN-Befehl ein und das ganze Programm wird ausgeführt. Denke daran, daß der Inhalt des RAM-Speichers einschließlich aller Programme, die du eingetippt hast, verschwindet, sobald du den Rechner ausschaltest. Wenn du ein Programm für den späteren Gebrauch aufbewahren möchtest, mußt du es auf Kassette oder Diskette speichern.

Jede Zeile eines BASIC-Programms muß mit einer Zeilennummer anfangen. Die Zeilennummer gibt die Reihenfolge an, in der die Zeilen im Rechner abgelegt und später auch bearbeitet werden. Somit wird Zeile 10 vor Zeile 20 ausgeführt.

Der END-Befehl in Zeile 30 unseres Beispiels ist bei den meisten modernen BASIC-Versionen nicht unbedingt nötig, bei den älteren jedoch erforderlich. Der END-Befehl sagt dem Interpreter, daß er nach der Programmausführung ein einwandfreies Ende und nicht ein zufälliges Ende erreicht hat.

Der Rechner erledigt eine Anweisung nach der anderen.

Paß auf, daß du die Ziffer 0 nicht mit dem Buchstaben O verwechselst!

Zum Schluß noch eine wichtige Kleinigkeit: Die Ziffer 0 muß anders aussehen als der Buchstabe O. Die herkömmliche Art, um Verwechslungen zu vermeiden, ist die, die Ziffer Null als Ø darzustellen – als O mit einem Schrägstrich. Heute kann jedoch eine Null auf dem Bildschirm einfach als ein Symbol dargestellt werden, das dünner als das Symbol für den Buchstaben O ist. Das Zeichen Ø wird selten benutzt. In früheren Texten über BASIC wirst du feststellen, daß entweder die 0 oder der Buchstabe O mit einem Schrägstrich überschrieben ist, um beide Zeichen auseinanderzuhalten.

Ein längeres Programm

RUN, LIST und SAVE sind *Befehle*. Sie sind Schlüsselwörter, die benutzt werden, um spezielle Tätigkeiten anzugeben, die von dem Computersystem oder, genauer gesagt, vom Interpreter ausgeführt werden. Diese Befehle sind ebenfalls ein Bestandteil des BASIC. Du wirst mit dem Voranschreiten in diesem Buch zunehmend mehr Anweisungen und Befehle kennenlernen.

Wir wollen jetzt ein umfangreicheres Programm schreiben und die PRINT-Anweisung und den NEW-Befehl benutzen. Tippe folgendes ein:

    NEW ⏎

und dann

    LIST ⏎

Nichts passiert. Es ist kein Programm mehr im Speicher. Der Befehl NEW löscht den Rechnerspeicher. Tippe jetzt:

```
NEW
10  PRINT "DIES"
20  PRINT "IST"
30  PRINT "EIN WEITERES"
40  PRINT "BEISPIEL"
50  END
```

Schauen wir doch einmal, was dieses Programm macht. Tippe

RUN

Jetzt solltest du auf dem Bildschirm folgendes sehen:

```
DIES
IST
EIN WEITERES
BEISPIEL
>□
```

Ein „END" kann, muß aber nicht, am Ende deiner Anzeige auftauchen. Das hängt von deinem BASIC ab. Unser Programm zeigt den Text, wic crwartet, an. Überprüfen wir nun, ob das Programm richtig im Speicher abgelegt worden ist, indem wir

LIST

eingeben.
Auf dem Bildschirm sollte jetzt folgendes zu sehen sein:

```
>LIST
10  PRINT "DIES"
20  PRINT "IST"
30  PRINT "EIN WEITERES"
40  PRINT "BEISPIEL"
50  END
>□
```

Der Befehl NEW ist benutzt worden, um den Speicher des Rechners freizumachen, d. h. um ihn zu löschen und Platz für ein neues

Programm zu schaffen. Wäre der Befehl NEW nicht benutzt worden, hätten die neuen Befehle die alten, vorher mit gleichen Zeilennummern in den Speicher eingetippten Zeilen gelöscht und ersetzt. Dies könnte zu Fehlern führen, da „übriggebliebene" alte Befehle in neue Programme mit einfließen könnten. Gibst du also kein NEW ein, dann wird jedesmal, wenn du einen Befehl mit der Zeilennummer 10 eingibst, die alte Zeile durch die neue Zeile 10 überschrieben. Aber *Vorsicht!* Wenn du vorher einen Befehl mit der Zeilennummer 15 geschrieben und dann das neue Programm ohne NEW eingegeben hättest, wäre Befehl „15" im Speicher verblieben und automatisch an der richtigen Stelle in dein neues Programm eingesetzt worden (da du diese Zeilennummer in deinem neuen Programm nicht benutzt). Wir wollen das einmal vorführen. Tippe

15 PRINT "*****" ↵

und dann

RUN ↵

Der Bildschirm sollte jetzt so aussehen:

```
DIES
*****
IST
EIN WEITERES
BEISPIEL
>□
```

Wie du siehst, ist die PRINT-Anweisung aus Zeile 15 automatisch in das ältere Programm eingeschoben worden. Wenn wir jetzt das Programm listen wollen, tippen wir

LIST ↵

Der Bildschirm sollte jetzt folgendermaßen aussehen:

```
10  PRINT "DIES"
15  PRINT "*****"
20  PRINT "IST"
30  PRINT "EIN WEITERES"
40  PRINT "BEISPIEL"
50  END
>□
```

Du kannst nun sehen, daß Anweisung 15 Bestandteil deines Programms geworden ist. Erinnere dich, daß jedesmal, wenn du eine Programmanweisung mit einer Zeilennummer eintippst, diese automatisch in der richtigen Reihenfolge in den Rechnerspeicher eingefügt wird.

Wir werden jetzt zeigen, daß eine neue Anweisung mit einer Zeilennummer, die *bereits vorhanden* ist, automatisch die vorige löscht. Benutzen wir doch diese Möglichkeit, um Anweisung 15 zu löschen. Tippe

  15 PRINT "......" ↵

und dann

  RUN ↵

Dein Bildschirm sollte nun wie folgt aussehen:

```
DIES
......
IST
EIN WEITERES
BEISPIEL
>□
```

Wie du siehst, ist deine neue PRINT-Anweisung mit der Zeilennummer 15 an die Stelle der vorigen Anweisung getreten. Überprüfe das, indem du tippst:

  LIST ↵

Dein Bildschirm sollte wie folgt aussehen:

```
10   PRINT "DIES"
15   PRINT "......"
20   PRINT "IST"
30   PRINT "EIN WEITERES"
40   PRINT "BEISPIEL"
50   END
>□
```

Um unvorhergesehene Ereignisse zu vermeiden, solltest du immer, bevor du ein neues Programm schreibst, die NEW-Anweisung benutzen, um den Rechnerspeicher freizumachen und um Störungen durch „übriggebliebene" Anweisungen auszuschließen.

„Ich lösche den Bildschirm aber so!"

Löschen wir jetzt Anweisung 15. Es gibt viele Möglichkeiten dies zu tun, z. B.:

15 ↵

Diese Anweisung besteht nur aus der Zeilennummer. Sie wird *Leeranweisung* genannt. Die Anweisung 15 macht überhaupt nichts, außer daß sie die vorherige Zeile mit dieser Nummer löscht. Tippe jetzt RUN ein. Nun sollte das folgende auf deinem Bildschirm zu sehen sein:

```
DIES
IST
EIN WEITERES
BEISPIEL
>□
```

Aber Vorsicht, dieser Befehl kann gefährlich sein. Wenn du zufällig

20 ↵

eingibst und RETURN tippst, löschst du die letzte Version der Anweisung 20 und ersetzt sie durch die Leeranweisung, die überhaupt nichts tut. Um dich vor unangenehmen Überraschungen zu schützen, solltest du immer erst den Programmausdruck überprüfen, bevor du etwas löschst.

Zusammenfassung

Du hast nun gelernt, wie du elementare BASIC-Programme schreiben und Informationen auf dem Bildschirm darstellen kannst. Wir haben ein BASIC-Programm unter Verwendung von Anweisungen in Programmzeilen geschrieben. Wir haben besprochen, warum einem Programm der Befehl NEW vorangehen sollte und warum das Programm mit dem Befehl END abgeschlossen werden sollte. Du hast gesehen, daß ein Programm automatisch bei der Eingabe im Rechnerspeicher abgelegt wird und daß es durch die Eingabe des Befehls RUN gestartet werden kann. Du hast ebenfalls gesehen, wie wir einen Programmausdruck mit Hilfe des Befehls LIST anzeigen können. Schließlich haben wir den Befehl SAVE benutzt, um ein Programm auf Kassette oder Diskette zu speichern.

Du hast gelernt, daß die Ausführung von Programmbefehlen in der Reihenfolge der Zeilennummern erfolgt. Wenn du eine Zeilennummer wiederholst, ob absichtlich oder nicht, löscht der neue Befehl automatisch jeden vorherigen mit der gleichen Zeilennummer. Wenn du irgendwann eine neue Zeile mit einer neuen Nummer hinzufügst, setzt der Interpreter sie in der richtigen Reihenfolge in das Programm ein.

In diesem Kapitel haben wir einige neue Begriffe eingeführt. Wenn du wirklich programmieren lernen möchtest, ist es unerläßlich, daß du anfängst, das Erlernte einzuüben. Es folgen jetzt einige Übungsaufgaben. Ich empfehle dir, die Aufgaben auszuprobieren. Die Ergebnisse zu einzelnen Übungsaufgaben findest du am Ende dieses Buches.

Übungen

2-1: Schreibe ein Programm, das die folgende Ausgabe erzeugt: „ICH WUENSCHE DIR EINEN SCHOENEN TAG."

2-2: Schreibe ein Programm, das die folgende Ausgabe erzeugt:
AAAAA
BBBB
CCC
DD
E

2-3: Schreibe ein Programm, das die folgende Ausgabe erzeugt:
****
TITEL
****

2-4: Erkläre die folgenden Ausdrücke:
a. Zeilennummer
b. verzögerte Ausführung
c. sofortige Ausführung
d. Leeranweisung
e. Cursor
f. Kontrolltaste
g. numerische Tastatur
h. Schlüsselwort
i. BASIC-Zeichen

2-5: Was ist der Unterschied zwischen PRINT und LPRINT?

2-6: Kannst du ein ganzes Programm ausführen, indem du einen Befehl nach dem anderen im sofortigen Ausführungsmodus eingibst?

2-7: Warum solltest du ein NEW benutzen, bevor du ein neues Programm eintippst?

2-8: Kannst du Programmanweisungen mit Zeilennummern in beliebiger Reihenfolge eingeben?

2-9: Gib Beispiele für einige BASIC-Befehle.

2-10: Ist die folgende Anweisung richtig, um das Wort BEISPIEL ausgeben zu lassen?
PRINT BEISPIEL

2-11: Welche Funktion hat die RETURN-Taste?

2-12: Erkläre, wie du die Anweisung 20 in einem Programm löschen kannst.

2-13: Wenn du bereits eine Anweisung 30 eingegeben hast und sie durch eine neue Anweisung 30 ersetzen willst, mußt du dann erst die alte Anweisung löschen?

2-14: Schreibe ein Programm, das folgende Ausgabe erzeugt:

```
DDDD        II    EEEEEE
DD   DD     II    EE
DD   DD     II    EE
DD   DD     II    EEEE
DD   DD     II    EE
DD   DD     II    EE
DDDD        II    EEEEEE
```

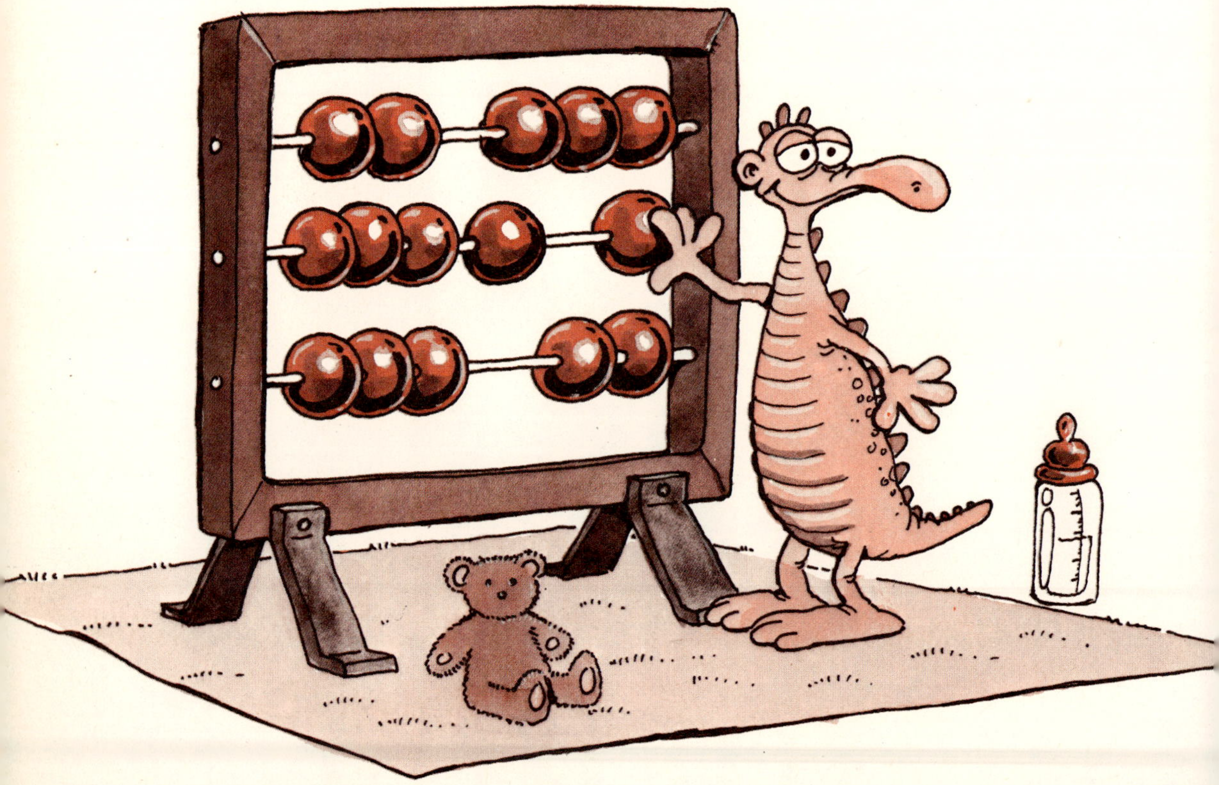

Wir rechnen mit BASIC

3

In diesem Kapitel fangen wir an, mit Zahlen zu arbeiten. Wir werden sie anzeigen und addieren, subtrahieren, multiplizieren und dividieren. Du wirst lernen, Berechnungen mit einfachen arithmetischen Operatoren auszuführen. Darüber hinaus werden noch weitere Operatoren beschrieben, die in BASIC Verwendung finden.

Die Ausgabe von Zahlen

Bisher haben wir nur Text gedruckt. Jetzt wollen wir eine Zahl drucken. Tippe

    PRINT 3 ⏎

Das Ergebnis ist:

> 3

Erinnere dich an unsere Erklärungen in Kapitel 2 über sofortige Ausführung. Dort muß einem Befehl keine Zeilennummer vorausgehen. Er wird sofort ausgeführt. In diesem Kapitel werden wir alle unsere Beispiele sofort ausführen lassen. Du mußt also nur ein paar Tasten drücken.

Achte bitte darauf, daß Zahlen in BASIC nicht wie Text in Gänsefüßchen eingeschlossen werden dürfen. Die Verwendung von Gänsefüßchen gestattet dem Interpreter in einfacher Weise, Texteingaben des Benutzers von BASIC-Schlüsselwörtern, wie etwa PRINT, zu unterscheiden. Der Text innerhalb der Gänsefüßchen heißt *Zeichenfolge* oder *String*. Eine Zeichenfolge darf Ziffern und Zahlen enthalten.

Versuchen wir jetzt, verschieden große Zahlen zu drucken, sagen wir 100, 1000, 10000 usw. Ab einem gewissen Punkt weigert sich dein BASIC-Interpreter zu drucken, und er zeigt eine Mitteilung wie „NUMBER TOO LARGE" (Zahl zu groß) an. Jeder BASIC-Interpreter beschränkt die größte ganze Zahl, mit der er umgehen kann, auf einen bestimmten Wert. Wenn du mit ganzen Zahlen arbeiten willst, die größer als der von deinem Interpreter erlaubte Zahlenwert sind, mußt du einen anderen Interpreter benutzen, der größere Zahlen zuläßt.

„Ich zeige Dir mehrere Möglichkeiten, um Zahlen auszugeben."

Erinnere dich, daß ein BASIC-Interpreter, der die Verwendung von ganzen Zahlen (= Integer-Zahlen) zuläßt, Integer BASIC heißt. Integer BASIC erlaubt jedoch nicht die Verwendung von Dezimalbrüchen. Probieren wir doch einmal, ob dein BASIC-Interpreter Dezimalbrüche zuläßt. Tippe:

PRINT 1.5 ↵

Wenn du nun die 1.5 auf deinem Bildschirm siehst, kann dein BASIC mit Dezimalbrüchen umgehen. Wenn dein BASIC dies nicht kann, erhältst du wahrscheinlich eine Fehlermeldung oder ein ?.

In der Computerfachsprache heißen Dezimalbrüche *Gleitkommazahlen*. Ein BASIC, das die Verwendung von Gleitkommazahlen erlaubt, heißt *Gleitkomma-BASIC*.

Wissenschaftliche Schreibweise

Erörtern wir Dezimalbrüche doch einmal genauer. Genau wie bei ganzen Zahlen behält der Interpreter bei Dezimalbrüchen nur eine festgesetzte Anzahl von Stellen. Z. B. ist der richtige Wert für ein Drittel:

0.3333333333... (*usw.*)

Innerhalb des Rechners mag der Wert als

0.3333333

abgespeichert werden (außer der 0 werden noch 7 signifikante Stellen angezeigt).

Man sagt, der richtige Wert sei auf sieben Stellen *abgeschnitten* worden. (**Anmerkung:** Das ist eine Näherung, die aber in der Regel ausreicht.)

Falls dein BASIC-Interpreter Dezimalbrüche zuläßt, dann benutzt er auch eine *wissenschaftliche Darstellung*. Wenn eine Zahl sehr groß oder sehr klein wird, wird sie in der wissenschaftlichen Schreibweise dargestellt, um Platz zu sparen. Dazu ein Beispiel:

3.2E6

bedeutet

$3.2 \times 10^6 = 3200000$

10^6 bedeutet 10 hoch 6, d. h. der Wert 10 wird fünfmal mit sich selbst multipliziert:

$10 \times 10 \times 10 \times 10 \times 10 \times 10 = 1000000$

Genauso bedeutet

1.12E−7

das gleiche wie

$1.12 \times 10^{-7} = 0.000000112$

10^{-7} bedeutet 1/10 hoch 7, d. h. 1/10 wird sechsmal mit sich selbst multipliziert. (1/10 ist 10 hoch −1.)

Ein bißchen Mathematik

Wir wollen jetzt einfache arithmetische Berechnungen ausführen. Tippe:

PRINT 2 + 4 ↵

Das Ergebnis auf deinem Bildschirm sollte wie folgt aussehen:

```
6
```

Damit haben wir unsere erste arithmetische Berechnung ausgeführt. Das Additionssymbol + wird *Operator* genannt. Ein Operator zeigt dir, welche Rechenoperation (hier die Addition) mit den *Operanden* (hier die Ziffern 2 und 4) ausgeführt werden soll. Eine Operation kann einen oder mehrere Operanden enthalten. BASIC stellt mindestens fünf eingebaute Arithmetikoperatoren zur Verfügung:

```
−        (Subtraktion)
+        (Addition)
*        (Multiplikation)
/        (Division)
^ oder ** (Potenzieren) (^ wird manchmal als ↑ oder [ dargestellt)
```

„Du brauchst mehr Übung."

Nun probiere folgendes Beispiel aus. Tippe:

PRINT 2 * 3 ⏎

Das Ergebnis sollte 6 sein. Das * ist das Symbol für die Multiplikation. Das gewöhnliche Multiplikationssymbol x könnte mit dem Buchstaben X verwechselt werden. Programmiersprachen verwenden daher den Stern als Multiplikationszeichen. Hier einige andere Beispiele für gültige Rechenausdrücke:

PRINT 1 + 2 * 3 ⏎

Das Ergebnis ist

> 7

PRINT 3 − 2 ⏎

Das Ergebnis ist

> 1

PRINT 8/2 ⏎

Das Ergebnis ist

> 4

PRINT 1 + 2 + 3 + 4 ⏎

Das Ergebnis ist

> 10

Wenn Dein BASIC Dezimalbrüche zuläßt, ist der folgende Befehl ebenfalls erlaubt:

PRINT (6/3 + 12/4) /2 ⏎

Das Ergebnis ist

> 2.5

Beachte, daß in diesem Beispiel Klammern benutzt worden sind, um die Reihenfolge der Operationen festzulegen.

Probieren wir ein anderes Beispiel. Tippe

    PRINT 2 + 3 + 4/2 ↵

Das Ergebnis ist

> **7**

Die Division (/) wurde zunächst mit der Zahl 4 ausgeführt. Das liegt daran, daß in BASIC die Division (/) oder die Multiplikation (∗) vor der Addition (+) oder Subtraktion (−) durchgeführt wird, wenn keine Klammern gesetzt werden. Hättest du vorgehabt, die Summe 2 + 3 + 4 durch 2 zu teilen, wäre es nötig gewesen, folgendes zu tippen:

    PRINT (2 + 3 + 4) /2 ↵

Das Ergebnis wäre dann

> **4.5**

Die Division wäre nach der Summenbildung (2 + 3 + 4) ausgeführt worden. Man tut gut daran, Klammern häufig zu benutzen, um jegliche Verwechslungen zu vermeiden. Z.B. könnte der folgende Ausdruck (oder diese Folge von Zahlen und Operatoren)

$$\frac{1+2+3}{4+5} * 3$$

in folgende BASIC-Ausdrücke übersetzt werden:

    ((1 + 2 + 3) / (4 + 5)) ∗ 3

oder

    (1 + 2 + 3) / (4 + 5) ∗ 3

Die Ausführung erfolgt von links nach rechts, wenn Operatoren den gleichen Rang haben, d.h. die Division erfolgt vor der Multiplikation.

Wenn du das folgende BASIC-Programm schreibst:

    (1 + 2 + 3) / ((4 + 5) ∗ 3)

so ist das gleichbedeutend mit:

$$\frac{(1+2+3)}{(4+5)*3}$$

Benutze die Klammern, um Operandengruppen zu kennzeichnen. Vergewissere dich immer, daß für jede linke Klammer auch eine rechte vorhanden ist.

Wir wollen jetzt unsere neuen Rechenfähigkeiten dazu benutzen, sinnvolle Werte zu erreichen.

Formatierte Ausgabe

Wenn du tippst:

    PRINT "DAS PRODUKT VON ZWEI UND DREI IST", 2 * 3 ↵

ist das Ergebnis

> DAS PRODUKT VON ZWEI UND DREI IST   6

In diesem PRINT-Befehl haben wir, durch ein Komma getrennt, Text und Zahlen miteinander verbunden. Genauer gesagt, wir haben einen *Ausdruck*, (2*3), anstelle einer Zahl benutzt. Tippe jetzt

    PRINT "DAS PRODUKT VON ZWEI UND DREI IST, 2 * 3" ↵

und du erhältst

> DAS PRODUKT VON ZWEI UND DREI IST, 2 * 3

Dies ist zwar ein korrekter BASIC-Befehl, aber er bewirkt nicht das, was du geplant hattest. Erinnerst du dich? Alles innerhalb der Anführungszeichen wird Zeichen für Zeichen angezeigt. Das Komma oder Semikolon muß *außerhalb der Anführungszeichen* stehen, um richtig zu funktionieren.

Ein PRINT-Befehl kann dazu verwendet werden, mehrere Zahlen in der gleichen Zeile zu drucken. Die Zahlen müssen jedoch durch Semikolon oder Komma getrennt sein. Ein Semikolon ergibt einen kleinen Zwischenraum zwischen den zu druckenden Zahlen, während ein Komma einen größeren Zwischenraum ergibt. Wie ein Tabulator auf einer Schreibmaschine wird das Komma dazu benutzt, *Tabs*, d.h. Felder auf einem Bildschirm zu erzeugen. Dieses Verfahren ist günstig, um Tabellen darzustellen.

Probieren wir doch diese neue Möglichkeit aus. Tippe

    PRINT 1;2;3 ↵

Die Ausgabe sollte so aussehen:

> 1 2 3

Tippe jetzt

    PRINT 1,2,3 ↵

Jetzt sollte die Anzeige folgendermaßen aussehen:

> 1   2   3

Wir wollen jetzt die Mehrwertsteuer für den Betrag von DM 1234,– berechnen. Der Mehrwertsteuersatz ist 14%. Wir nehmen an, daß dein BASIC Dezimalzahlen zuläßt. Der Befehl lautet

> PRINT "DIE MEHRWERTSTEUER IST ";1234*14/100 ↵

Das Ergebnis lautet:

> DIE MEHRWERTSTEUER IST 172.76

Wir könnten auch tippen:

> PRINT "DIE MEHRWERTSTEUER IST";1234*0.14 ↵

und würden dasselbe Ergebnis erhalten. Es gibt viele gleichwertige Möglichkeiten, um ein Programm zu schreiben.
Du kannst mehrere Zahlen in einer Zeile drucken:

> PRINT 1;2;3;4;5;6;7;8;9;"VIELE ZAHLEN" ↵

Auf dem Bildschirm steht:

> 1 2 3 4 5 6 7 8 9 VIELE ZAHLEN

Wir haben jetzt gelernt, wie wir einfache arithmetische Berechnungen ausführen und die Ergebnisse darstellen. Wenden wir doch unsere neuen Fähigkeiten an, um einige einfache Aufgaben zu lösen.

Füttere dein Programm nur mit vernünftigen Zahlen.

Anwendungsbeispiele

Angenommen, wir möchten einen bestimmten DM-Betrag in holländische Gulden umrechnen. Die mathematische Formel lautet:

holländische Gulden = Tageskurs ∗ DM-Betrag

Beträgt der aktuelle Tageskurs z. B. 1.12 Gulden pro DM, müssen wir also, um auszurechnen, wieviel holländische Gulden wir beispielsweise beim Umtausch für DM 320 bekommen, folgenden BASIC-Befehl eingeben:

PRINT "320 DM GEBEN "; 1.12∗320;"HOLL.GULDEN" ↵

Wir können die Fragestellung auch umdrehen. Nehmen wir an, in Italien kostet ein Liter Superbenzin 1160 Lire, und wir möchten wissen, wieviel DM das sind. Der mathematische Zusammenhang ist wieder der gleiche:

DM = Tageskurs ∗ Lire

Angenommen, der Tageskurs für 1 Lira beträgt DM 0.00169, so ergibt sich folgender BASIC-Befehl:

PRINT "1160 LIRE SIND "; 1160∗0.00169;" DM"

Das Ergebnis lautet:

1160 LIRE SIND 1.9604 DM

Zusammenfassung

In diesem Kapitel haben wir gelernt, wie wir arithmetische Berechnungen durchführen und Text und Ergebnisse in derselben Zeile anzeigen können. Wir haben diese neuen Fähigkeiten benutzt, um mit einzeiligen BASIC-Befehlen einfache Formeln zu berechnen.

Bis jetzt haben wir alle Werte in dem BASIC-Befehl selbst angegeben. Wir möchten nun ein Programm schreiben, in dem wir über die Tastatur wiederholt Werte eingeben, so daß verschiedene Werte im Programm benutzt werden können, ohne es neu schreiben zu müssen. Wir werden das mit *Variablen* durchführen. Das ist der Inhalt des nächsten Kapitels.

Übungen

3-1: Schreibe einen BASIC-Befehl, der folgendes berechnet:

$$\frac{5+6}{1+2:3}$$

3-2: Schreibe einen BASIC-Befehl, der folgendes berechnet:

$$1 + 1/2 \frac{1}{1 + 1/2}$$

3-3: Schreibe einen BASIC-Befehl, der die Temperatur von 20 Grad Celsius in den entsprechenden Fahrenheit-Wert umrechnet, mit Hilfe folgender Formel:

CELSIUS-WERT=(FAHRENHEIT-WERT−32)∗5/9

3-4: Die Erde dreht sich pro Tag einmal um ihre eigene Achse. Mit welcher Geschwindigkeit bewegt sich dann ein Punkt des Äquators?

3-5: Berechne die Sekunden eines Tages, einer Woche, eines Monats und eines Jahres.

3-6: Gegeben ist eine Fahrgeschwindigkeit von 55 km/Std. Berechne, wie lange du für 350 km benötigst.

3-7: Ein Jahr hat 365 Tage. Berechne, wieviel Tage du schon lebst.

3-8: Berechne das entsprechende Jahresgehalt, wenn eine der folgenden Angaben gemacht wird:

　　a. Wochenlohn (1 Jahr hat 52 Wochen)

　　b. zweiwoechige Bezahlung (mit 26 multiplizieren)

　　c. Monatslohn

　　d. Stundenlohn (mit 2080 multiplizieren)

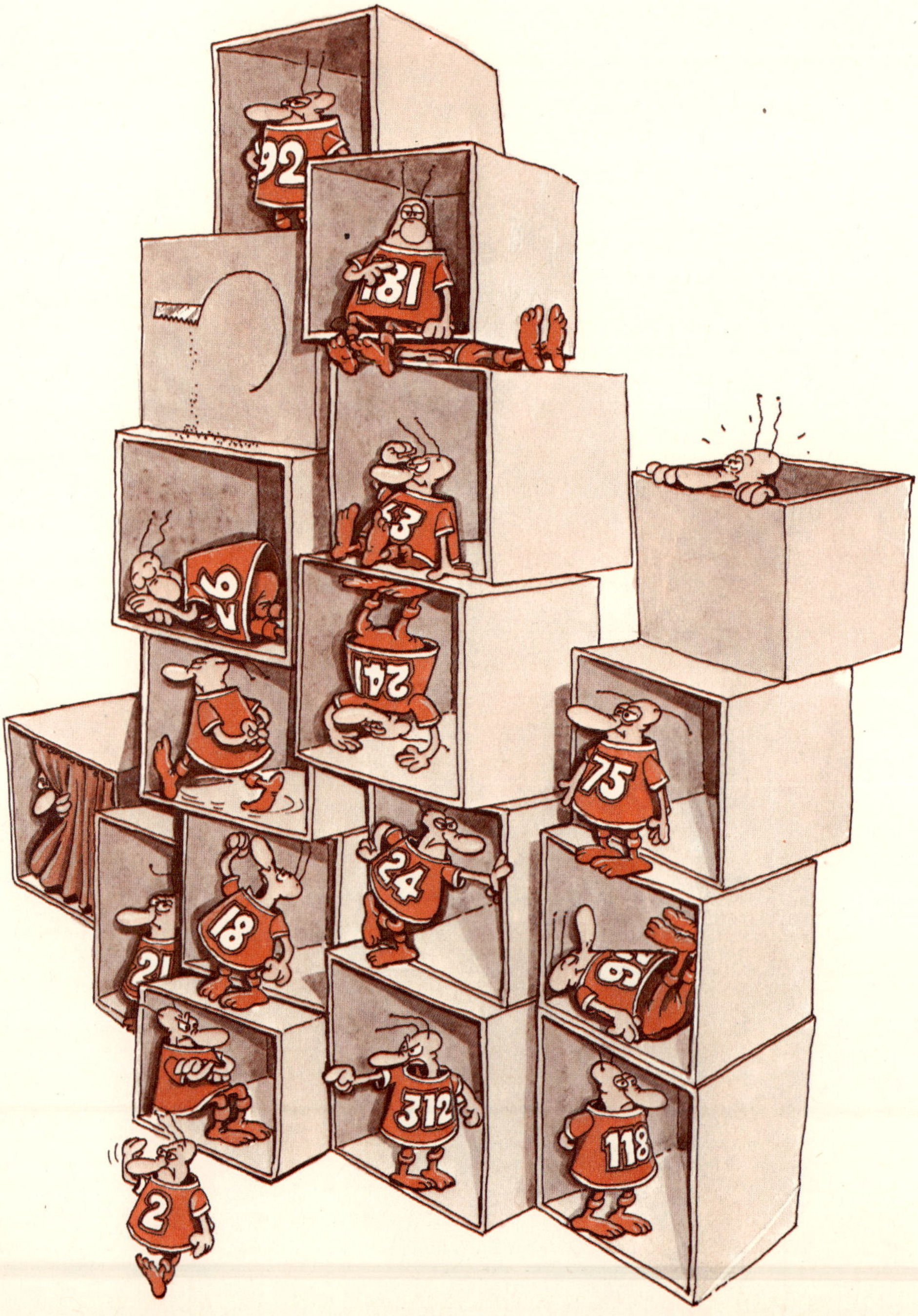
92
181
75
18
24
312
118
2

Wir speichern Zahlen mit Hilfe von Variablen

4

In diesem Kapitel werden wir sehen, wie Programme mehrfach verwendet werden können. Die Programme werden je nach Tastatureingabe unterschiedliche Ergebnisse zeigen. Bisher mußten wir, um z. B. das Ergebnis der arithmetischen Berechnung 2+3 zu erhalten, die Programmzeile entsprechend formulieren. Jetzt werden wir lernen, Programme zu schreiben, die laufend mit anderen Zahlen arbeiten können. Die gewünschten Berechnungsarten werden einmal im Programm festgelegt. Die benötigten Daten werden dann erst während des Programmlaufes über die Tastatur eingegeben und führen je nach Eingabe zu unterschiedlichen Ergebnissen. Diese Programme können dann ohne Änderung für mehrere Berechnungen verwendet werden.

Im Zusammenhang damit werden wir den Begriff der „Variablen" und außerdem noch zwei neue Anweisungen, INPUT und LET, kennenlernen.

Beginnen wir also damit, wie wir während des Programmlaufs Informationen an ein Programm weitergeben können.

Der INPUT-Befehl

Tippe das folgende Programm ein (**Achtung:** Wir werden ab sofort kein ? mehr anzeigen. Vergiß aber nicht, am Ende jeder Zeile ein RETURN einzugeben):

```
10   INPUT A
20   PRINT A; 2*A; 3*A
30   END
```

Neu ist in diesem Programm der Begriff INPUT, was soviel heißt wie EINGABE.

Starte nun das Programm, indem du wie gewöhnlich RUN tippst. Du solltest dann auf deinem Bildschirm folgendes sehen:

```
?□
```

Im allgemeinen erscheint auf dem Bildschirm ein „?" zusammen mit einem blinkenden Cursor daneben, um dich daran zu erinnern, die angeforderten Daten einzutippen.

Tippe jetzt eine Zahl ein, sagen wir 3. Beende deine Eingabe, indem du wie üblich die RETURN-Taste drückst. Dein Bildschirm sollte jetzt folgendes zeigen:

```
3   6   9
>
```

Als INPUT nimmt dein Computer Zahlen und Buchstaben an.

Dein Programm ist gerade ausgeführt worden. Sehen wir uns einmal an, was passiert ist. Die erste Zeile war:

    10   INPUT A

Dieser Befehl forderte dich auf, eine Zahl über die Tastatur einzugeben. Das Programm zeigte ein ? an und blieb stehen − es wartete auf deine Eingabe. Der Wert 3, den du eingegeben hast, wurde dann gelesen und in A abgespeichert. „A" wird *Variable* genannt. Es ist ein Name, der benutzt wird, um einen Wert abzuspeichern. Eine *Variable* ist ein formaler Name, der einer Speicherstelle gegeben wird. Variablennamen lauten zum Beispiel: A, B, C, F, Z1, G2. Die meisten BASIC-Dialekte lassen auch Variablennamen mit mehreren Buchstaben zu, beispielsweise: ZAHL, SUMME, STEUER, ERGEBNIS.

Der zweite Befehl lautete:

    20   PRINT A; 2∗A; 3∗A

Dieser Befehl ergibt dasselbe wie PRINT 3; 2∗3; 3∗3, nämlich

```
3   6   9
```

Mit dem INPUT-Befehl ist es auch möglich, mehrere Werte gleichzeitig einzugeben. Hier ist ein Beispiel. Tippe:

```
10    INPUT A,B
20    PRINT A; A∗2; B; B∗2
30    END
```

Starte jetzt das Programm mit RUN. Du wirst das übliche „?" auf deinem Bildschirm sehen. Tippe jetzt zwei Zahlen, sagen wir 2 und 3, durch ein Komma getrennt ein, und drücke dann RETURN. Du wirst jetzt auf dem Bildschirm folgende Zahlen sehen:

```
2   4   3   6
```

Laß uns einmal näher untersuchen, was passiert ist. Die erste Zeile des Programms lautete:

    10   INPUT A,B

Dieser Befehl verlangte von dir zwei Werte, die dann in den Variablen A und B abgespeichert wurden. Erinnere dich, Variablen sind Namen von Speicherstellen. A und B waren anfänglich leer und erhielten dann den Wert 2 bzw. 3.

Der zweite Befehl dieses Programms lautete:

    20   PRINT A; A∗2; B; B∗2

Dieser Befehl ergab den Ausdruck der Werte 2, 2∗2, 3, 3∗2:

```
2   4   3   6
```

Lassen wir doch das Programm noch einmal laufen. Tippe dieses Mal:

   5,8

und das Ergebnis wird sein:

```
5   10   8   16
```

Wir können dieses Programm beliebig oft benutzen und neue Ergebnisse erhalten, indem wir neue Werte über die Tastatur eingeben. Wir haben unser Programm wiederverwendbar gemacht, indem wir Variablennamen (A und B) anstelle von bestimmten Werten benutzt haben.

Um das Programm wirklich wiederverwendbar zu machen, wollen wir jetzt seinen Stil und seine Lesbarkeit verbessern. Angenommen, wir möchten das Programm sichern und es einige Tage später wieder starten. Wir könnten vergessen haben, was es macht oder wie viele Werte wir eingeben müssen. Wir können das Programm neu schreiben, um weitere Angaben auf dem Bildschirm anzuzeigen. Hier ist eine verbesserte Version:

```
10   PRINT "∗ DIESES PROGRAMM MULTIPLIZIERT ZWEI
         BELIEBIGE ZAHLEN MIT 2 ∗"
20   PRINT "GIB ZWEI ZAHLEN EIN"
30   INPUT A,B
40   PRINT "ERSTE ZAHL : "; A, "DOPPELT :"; 2∗A
50   PRINT "ZWEITE ZAHL : "; B, "DOPPELT : "; 2∗B
60   END
```

Nun sollte folgendes auf deinem Bildschirm erscheinen (**Achtung:** Wir werden während des ganzen Textes Daten, die vom Anwender eingegeben werden, in **Fettschrift** drucken):

```
∗ DIESES PROGRAMM MULTIPLIZIERT ZWEI
   BELIEBIGE ZAHLEN MIT 2 ∗
GIB ZWEI ZAHLEN EIN
?5,7
ERSTE ZAHL : 5          DOPPELT: 10
ZWEITE ZAHL : 7         DOPPELT: 14
```

Wir haben nun gelernt, wie wir mit Hilfe des INPUT-Befehls unterschiedliche Zahlen im Programm verarbeiten können. Wir haben außerdem den Begriff der Variablen eingeführt. Jetzt wollen wir lernen, wie wir diese Methoden effektiv benutzen und wie wir schwierigere Programme entwickeln können.

„Hallo Zahl, ich bin ein String. Ich speichere eine Kette von Zeichen. Du kannst mich leicht erkennen, achte mal auf meine Antenne!"

Die beiden Arten von Variablen

Es gibt zwei *Arten* von Variablen in BASIC: *numerische* Variablen, die stellvertretend für Zahlen stehen, und *String*-Variablen, die für Text stehen. Diese beiden Arten von Variablen sehen unterschiedlich aus; Textvariablen enden mit einem Dollarzeichen. Sie werden auch unterschiedlich benutzt. Du kannst z. B. Zahlen, aber keine Texte addieren. Wir wollen zunächst etwas über numerische Variablen und danach über Textvariablen lernen.

Numerische Variablen

Wir fangen mit den Regeln für die Benennung von numerischen Variablen an. Danach werden wir lernen, mit diesen Variablen wirkungsvoll umzugehen. Zwei numerische Variablen, A und B, haben wir bereits zu Beginn dieses Kapitels benutzt. Wir haben ihnen über die Tastatur einen Zahlenwert eingegeben. Jetzt wollen wir lernen, wie eine Variable zu benennen ist. Bei der Benennung von Variablen erlauben alle BASIC-Versionen, einschließlich des originalen Dartmouth BASIC, die Verwendung eines Buchstabens, dem wahlweise eine Ziffer folgen darf. Hier sind einige Beispiele für erlaubte Variablennamen:

    A   (*ein Buchstabe*)
    B   (*ein Buchstabe*)
    Z   (*ein Buchstabe*)
    A1   (*ein Buchstabe und eine Ziffer*)
    A2   (*ein Buchstabe und eine Ziffer*)
    B2   (*ein Buchstabe und eine Ziffer*)

Gemäß dieser Definition sind folgende Namen nicht erlaubt:

    12   (fängt nicht mit einem Buchstaben an)
    A2B   (zu viele Zeichen)
    BA   (nur ein Buchstabe ist erlaubt)
    1B   (muß mit einem Buchstaben anfangen)
    AB1   (zu lang – außerdem ist nur ein Buchstabe erlaubt)

Der Vorteil kurzer Namen liegt darin, daß der Umfang und der Aufwand eines BASIC-Interpreters klein gehalten wird. Der Nachteil besteht darin, daß kurze Namen schlecht zu merken sind. Zum Beispiel beschreibt der lange Name ERGEBNIS viel mehr und ist viel besser einzuprägen als der kurze Name E. Um die Lesbarkeit zu verbessern, gestatten die meisten neueren BASIC-Versionen längere Namen, d. h. Folgen von Zeichen. Normalerweise kannst du eine beliebige Anzahl von aufeinanderfolgenden Buchstaben verwenden. Wahlweise dürfen Ziffern angehängt werden, bis zu einer maximalen Länge. Beispielsweise sind dann die folgenden längeren Variablennamen zulässig:

    GEWINNER   STUDENT1
    VERLIERER   STUDENT2
    ERGEBNIS   STUDENT14
    SUMME   FALL24

Die folgenden sind nicht erlaubt:

    R2D2   (Buchstaben folgen nicht aufeinander)
    3TIMES   (fängt mit einer Ziffer an)
    A-ONE   (unerlaubtes Zeichen im Namen)

Jede Variable muß einen Namen bekommen.

Natürlich ist ein Programm mit langen, ausführlichen Variablennamen besser zu lesen. In diesem Kapitel werden wir sowohl lange als auch kurze Namen benutzen, damit du dich an beide Arten gewöhnst. Denk' daran, daß lange Namen einfach nur der Erleichterung dienen. Sie beeinflussen das Programm in keiner Weise.

Es gibt noch eine Einschränkung für Namen. Du kannst keinen Namen benutzen, der ein Schlüsselwort ist, das heißt eine Bedeutung für den BASIC-Interpreter hat. Zum Beispiel darfst du nicht LIST, END oder RUN als Variablennamen verwenden. (**Anmerkung:** Eine Liste mit den gebräuchlichsten *Schlüsselwörtern* steht am Ende dieses Buches. Eine ähnliche Liste wirst du sicherlich auch am Ende des Anleitungsbuches deines BASIC-Interpreters finden.) Einige BASIC-Versionen verbieten sogar die Benutzung von Schlüsselwörtern als *Teil* eines Namens. Zum Beispiel ist OR ein standardmäßiges Schlüsselwort; daher darfst du in einigen BASIC-Versionen ORT nicht als Variablennamen verwenden.

Nachdem wir nun wissen, wie wir zulässige Namen für Variablen finden können, wollen wir jetzt lernen, einem Textstück, *Zeichenfolge* (oder auch *String*) genannt, einen Namen zu geben.

Textvariablen

Wir wollen zunächst ein paar Zeichenfolgen vorstellen. Hier sind einige Beispiele:

„ERGEBNIS"
„DAS IST EIN BEISPIEL"
„ICH HEISSE PETER"
„25 mal 4 ="

Beachte, daß eine Zeichenfolge normalerweise von Anführungszeichen umschlossen wird; sonst könnte sie mit einem Variablennamen verwechselt werden. Eine Zeichenfolge darf Zeichen in beliebiger Reihenfolge mit Ausnahme des Anführungszeichens enthalten. (In jeder BASIC-Version gibt es jedoch eine Möglichkeit, um diese Einschränkung zu umgehen.) Die Länge einer Zeichenfolge ist immer beschränkt — eine typische Beschränkung könnte 128 Zeichen sein.

Wir wollen uns jetzt mit Textvariablen vertraut machen. Wenn der Wert, der in einer Variablen abgespeichert wird, Text (d.h. eine Zeichenfolge) anstelle einer Zahl ist, heißt diese Variable *Textvariable* oder *Stringvariable*.

Der Name einer Textvariablen sieht genauso aus wie der einer numerischen Variablen. Sie unterscheiden sich nur darin, daß der Name einer Textvariablen mit „$" enden muß. Hier sind einige kurze Namen für Textvariablen:

A$
R$
A1$
B5$

„Ich bin eine Textvariable. Ich enthalte Text. Mein Name endet mit einem $."

Für den Fall, daß dein BASIC lange Namen zuläßt, geben wir hier noch einige Beispiele:

    NAME$
    VORNAME$
    STADT$
    EINHEIT$

Denke daran, daß der Name BRAND$ in einigen BASIC-Versionen nicht zulässig ist, da er das Schlüsselwort AND enthält. Aber mach dir keine Sorgen, der Interpreter wird dich schon darauf hinweisen, sobald du diesen Namen eintippst.

Wir wollen jetzt die Verwendung von Textvariablen mit einem Programm veranschaulichen, das den Anwender mit Namen begrüßt.

```
10   PRINT "ICH BIN RECHNEFIX,DER COMPUTER!"
20   PRINT "WIE HEISST DU MIT VORNAMEN";
30   INPUT VOR$
40   PRINT "UND WIE IST DEIN NACHNAME";
50   INPUT NACH$
60   PRINT "GUTEN TAG "; VOR$; " "; NACH$; "!"
70   PRINT "JETZT KENNE ICH DEINEN NAMEN!"
80   PRINT "ICH FINDE "; VOR$; " ALS VORNAMEN
        SEHR SCHOEN."
90   END
```

Falls dein BASIC kurze Namen verlangt, nimm V$ anstelle von VOR$ und N$ anstelle von NACH$.

Hier ist ein Beispiellauf. Denk daran, daß die von dir eingetippten Zeichen hier in fetten Buchstaben erscheinen.

```
>RUN
ICH BIN RECHNEFIX,DER COMPUTER.
WIE HEISST DU MIT VORNAMEN? PETER
UND WIE IST DEIN NACHNAME? SCHMIDT
GUTEN TAG,PETER SCHMIDT!
JETZT KENNE ICH DEINEN NAMEN!
ICH FINDE PETER ALS VORNAMEN SEHR SCHOEN.
>
```

Du kannst dich jetzt mit deinem Computer unterhalten. Wir wollen uns noch einige grundlegende Merkmale in diesem Programm anschauen. Fangen wir mit Zeile 20 an:

    20   PRINT "WIE HEISST DU MIT VORNAMEN";

Beachte, daß diese Zeile mit einem Semikolon abgeschlossen wird. Das Semikolon bedeutet soviel wie „zeig das nächste Zeichen unmittelbar hinter diesem Text an". Das Ergebnis von Anweisung 20 und deine Antwort auf Anweisung 30 sehen dann so aus:

    WIE HEISST DU MIT VORNAMEN?**PETER**

Wenn du geschrieben hättest:

20 PRINT "WIE HEISST DU MIT VORNAMEN"

ohne mit Semikolon zu schließen, wäre folgendes Ergebnis gekommen:

WIE HEISST DU MIT VORNAMEN
?**PETER**

Natürlich kannst du zwischen beiden Arten wählen. Das Format ist eine Geschmacksfrage. Aber denke daran: Wenn du möchtest, daß die von dir eingetippten Zeichen in derselben Zeile stehen sollen wie die vorangegangene Mitteilung, mußt du ein Semikolon am Ende der PRINT-Anweisung benutzen. Ansonsten ist der Anfang der nächsten Zeile die nächste Position auf dem Bildschirm.

Nachdem wir nun etwas mehr über numerische Variablen und Textvariablen wissen, wollen wir sie benutzen, um unseren Dialog mit Rechnefix, dem Computer, fortzusetzen. Wir wollen die folgenden Zeichen an das Programm anhängen.

```
90   PRINT "WELCHES JAHR HABEN WIR(2 STELLEN)";
100  INPUT LAUFENDESJAHR
110  PRINT "IN WELCHEM JAHR BIST DU
     GEBOREN(2 STELLEN)";
120  INPUT GEBURTSJAHR
130  PRINT "LIEBER "; VOR$; ", IN DIESEM JAHR BIST ODER
     WIRST DU "; LAUFENDESJAHR−GEBURTSJAHR
140  END
```

(**Achtung:** Einige Interpreter sind nicht mit den Variablen LAUFENDESJAHR und VOR$ einverstanden, weil sie die Schlüsselwörter END und OR enthalten. Nimm in diesem Fall LAUFJAHR bzw. VN$ oder andere sinnvolle Namen.)

Hier ist ein Beispieldialog. Noch einmal: Die Zeichen, die du eintippst, werden in fetten Buchstaben gezeigt.

```
WELCHES JAHR HABEN WIR(2 STELLEN)? 83
IN WELCHEM JAHR BIST DU GEBOREN(2 STELLEN)? 70
LIEBER PETER,IN DIESEM JAHR BIST ODER WIRST DU 13
```

Schauen wir uns das Programm im einzelnen an. Die Anweisung

90   PRINT "WELCHES JAHR HABEN WIR(2 STELLEN)";

druckt die Mitteilung. Das Semikolon wird, wie schon gesagt, benutzt, damit die Zahl in der gleichen Zeile angezeigt wird. In dem nächsten Befehl

100 INPUT LAUFENDESJAHR

ist LAUFENDESJAHR eine numerische Variable. Der Wert 83, den du eingetippt hast, wird in diese Variable eingelesen. Von jetzt an ersetzt der BASIC-Interpreter den Namen LAUFENDES-JAHR generell durch den Wert 83.

Der Befehl

   110   PRINT "IN WELCHEM JAHR BIST DU GEBOREN(2 STELLEN)";

arbeitet genauso wie Anweisung 90. Beachte das Semikolon am Ende. Die Anweisung

   120   INPUT GEBURTSJAHR

wirkt genauso wie Befehl 100. GEBURTSJAHR ist eine neue numerische Variable. Sie wird gleich den Wert 70 enthalten. In der nächsten Anweisung (130) benutzen wir diesen Variablennamen. Denke daran, daß der Name automatisch vom Interpreter durch den Wert 70 ersetzt wird. Wir wollen uns das genauer anschauen:

   130   PRINT "LIEBER "; VOR$; ", IN DIESEM JAHR BIST ODER WIRST DU"; LAUFENDESJAHR−GEBURTSJAHR

Wenn diese Anweisung ausgeführt ist, wird folgendes angezeigt:

LIEBER PETER,IN DIESEM JAHR BIST ODER WIRST DU 13

Wir wollen die Anzeige aufspalten und einzeln untersuchen.

LIEBER
(So etwas wird explizite Zeichenfolge genannt. Eine explizite Zeichenfolge ist Bestandteil des Programmbefehls in Zeile 130.)

PETER
(Das ist die Zeichenfolge, die von der Tastatur eingelesen und in der Textvariablen VOR$ abgespeichert worden ist. Sie verbleibt dort so lange, wie du nicht das NEW-Kommando benutzt oder einen neuen Wert für VOR$ eingibst.)

IN DIESEM JAHR BIST ODER WIRST DU
(Das ist wieder eine explizite Zeichenfolge.)

13
(Das ist das Ergebnis von LAUFENDESJAHR−GEBURTSJAHR, d.h. 83−70=13.)

Nun hast du das Programm eingetippt und ausprobiert und bist vielleicht schon ein bißchen enttäuscht. Beispielsweise möchtest du sicher das tatsächliche Datum einschließlich Tag und Monat eingeben, so daß du dein Alter genau berechnen kannst. Dazu müssen wir jedoch den heutigen Tag und Monat mit Tag und Monat deiner Geburt vergleichen. Dafür benötigen wir eine neue BASIC-Anweisung:

   IF (Bedingung erfüllt) THEN (mache)

Wir werden diese Anweisung ausführlich in Kapitel 7 erörtern.

Vielleicht möchtest du das Programm so gestalten, daß es jedesmal wieder von vorne anfängt (so daß du nicht jedesmal RUN tippen mußt). Wir werden dies in Kapitel 6 lernen, wenn wir die GOTO-Anweisung behandeln.

Nachdem wir nun sowohl mit numerischen Variablen als auch mit Textvariablen vertraut sind, wollen wir jetzt lernen, wie wir sie in einem längeren Programm benutzen können − zunächst, indem wir einer Variablen einen Wert zuweisen, und dann, indem wir das Zählverfahren anwenden.

Wertzuweisung
(DER LET-Befehl)

Bisher haben wir Variablen einen Wert mit Hilfe der INPUT-Anweisung zugewiesen. Wenn der folgende Befehl ausgeführt wird:

    20   INPUT A

tippst du z. B. einen Zahlenwert wie etwa 5.2 (gefolgt von einem ↵) ein. Der Wert von A ist dann 5.2.

Es gibt jedoch noch einen anderen Weg, um A einen Wert zuzuweisen, und zwar über eine *Wertzuweisung*. Hier ist ein Beispiel:

    10   A=5.2

(**Anmerkung:** nimm 5 anstelle von 5.2, falls du ein Integer-BASIC hast.) Diese Anweisung als Teil eines Programms weist A den Wert 5.2 zu, so daß du ihn nicht von der Tastatur eingeben mußt. Du könntest genauso gut schreiben

    10   B=1
    20   C=2
    30   A=B+C

Wie du siehst, wird der Wert von A gleich 2+1=3 gesetzt, wenn Anweisung 30 ausgeführt wird.

„Z, ich möchte, daß du diesen Wert für mich festhältst!"

In manchen BASIC-Versionen muß die Wertzuweisung mit dem Schlüsselwort LET anfangen. Dieses Beispiel muß dann wie folgt geschrieben werden:

```
10    LET B=1
20    LET C=2
30    LET A=B+C
```

Die LET-Anweisung soll zur Vereinfachung des Interpreters dienen. Ihm wird ausdrücklich mitgeteilt, daß es sich hier um eine Wertzuweisung handelt.

Wir wollen uns jetzt den Nutzen der Wertzuweisung ansehen. Dazu untersuchen wir zwei Beispiele. In beiden Fällen werden wir die Summe und den Mittelwert zweier Zahlen berechnen. Hier ist unser erstes Programm, ohne die Wertzuweisung:

```
10    PRINT "GIB MIR ZWEI ZAHLEN"
20    PRINT "ICH BERECHNE DEREN SUMME UND MITTELWERT"
30    PRINT "ERSTE ZAHL BITTE:";
40    INPUT A
50    PRINT "ZWEITE ZAHL BITTE:";
60    INPUT B
70    PRINT "DIE SUMME VON "; A; " UND "; B; "IST: "; A+B
80    PRINT "IHR MITTELWERT IST:"; (A+B)/2
90    END
```

Und hier ist ein typischer Programmlauf:

```
>RUN
GIB MIR ZWEI ZAHLEN
ICH BERECHNE DEREN SUMME UND MITTELWERT
ERSTE ZAHL BITTE:24
ZWEITE ZAHL BITTE:41
DIE SUMME VON 24 UND 41 ist: 65
IHR MITTELWERT IST:32.5
>
```

Beachte, daß der Ausdruck A+B zweimal in den PRINT-Anweisungen wiederholt wird. Das ist etwas umständlich. In längeren Programmen würde dies jedoch die Wahrscheinlichkeit von Tippfehlern vergrößern. Außerdem müßten wir einiges neu schreiben, wenn wir das Programm ändern wollten, um eine andere Formel zu benutzen.

Hier ist ein gleichwertiges Programm, das eine *Hilfsvariable*, SUMME, benutzt, um das Ergebnis zu speichern. Es ist einfacher zu lesen und nicht so fehleranfällig:

```
10    PRINT "GIB MIR ZAHLEN"
20    PRINT "ICH BERECHNE DEREN SUMME UND
          MITTELWERT"
30    PRINT "ERSTE ZAHL BITTE:";
40    INPUT A
```

```
50    PRINT "ZWEITE ZAHL BITTE:";
60    INPUT B
70    SUMME=A+B
80    MIWERT=SUMME/2
90    PRINT "DIE SUMME DER OBIGEN ZAHLEN IST:"; SUMME
100   PRINT "IHR MITTELWERT IST: "; MIWERT
110   END
```

Es sind zwei neue Variablen benutzt worden:

```
70    SUMME=A+B
80    MIWERT=SUMME/2
```

Die beiden zusätzlichen Variablen bieten zwei Vorteile: Das Programm ist klarer, und es ist einfacher zu verändern. Nehmen wir beispielsweise an, wir möchten jetzt das Programm so verändern, daß es den Mittelwert von drei Zahlen errechnet. Dafür müssen wir folgendes eingeben:

```
62    PRINT "DRITTE ZAHL BITTE:";
64    INPUT C
70    SUMME=A+B+C
80    MIWERT=SUMME/3
```

Den Rest des Programms lassen wir unverändert. Wir haben einfach nur eine dritte Zahl eingelesen und die Formeln an einer einzigen Stelle verändert. Hier ist das vollständige Programm:

```
10    PRINT "GIB MIR ZAHLEN"
20    PRINT "ICH BERECHNE DEREN SUMME UND
         MITTELWERT"
30    PRINT "ERSTE ZAHL BITTE:";
40    INPUT A
50    PRINT "ZWEITE ZAHL BITTE:";
60    INPUT B
62    PRINT "DRITTE ZAHL BITTE:";
64    INPUT C
70    SUMME=A+B+C
80    MIWERT=SUMME/3
90    PRINT "DIE SUMME DER OBIGEN ZAHLEN IST:
         "; SUMME
100   PRINT "IHR MITTELWERT IST: "; MIWERT
110   END
```

Nun ein typischer Programmlauf:

```
GIB MIR ZAHLEN
ICH BERECHNE DEREN SUMME UND MITTELWERT
ERSTE ZAHL BITTE:5
ZWEITE ZAHL BITTE:3
DRITTE ZAHL BITTE:10
DIE SUMME DER OBIGEN ZAHLEN IST: 18
IHR MITTELWERT IST: 6
```

Wir haben jetzt zwei Methoden gelernt, um Variablen einen Wert zuzuweisen:

- ▶ Wir können die INPUT-Anweisung benutzen – bei der ein Wert zur Laufzeit eingegeben wird, d. h. wenn das Programm ausgeführt wird.
- ▶ Wir können die Wertzuweisung benutzen – bei der ein Wert oder ein Verfahren, um den Wert zu berechnen (eine Formel), im Programm selbst abgespeichert ist.

Die erste Methode (mit der INPUT-Anweisung) solltest du verwenden, wenn du erwartest, daß der Wert, der einer Variablen zugewiesen wird (also kein *errechneter Wert*), bei jedem Programmlauf anders ist.

Die zweite Methode (mit der Wertzuweisung) solltest du jedesmal verwenden, wenn du eine Formel benutzt, um den Wert einer Variablen zu berechnen, oder jedesmal, wenn du erwartest, daß der zugewiesene Zahlenwert (also kein *errechneter Wert*) bei jedem Programmlauf gleich bleibt.

Wir wollen jetzt alle Regeln zusammenfassen, die wir beim Schreiben von Wertzuweisungen beachten müssen.

Die Syntax einer Zuweisung

Die Regeln (oder Syntax) für das Schreiben einer Wertzuweisung sind einfach. Die allgemeine Form einer Wertzuweisung lautet:

<Variable> = <Ausdruck>

Es müssen immer eine Variable auf der linken und ein Ausdruck auf der rechten Seite stehen. Ein Ausdruck ist

- ▶ eine Zahl oder eine Variable, oder
- ▶ eine Zahl oder eine Variable, auf die ein Operator (wie etwa +, −, ∗, /) sowie ein weiterer Ausdruck folgen.

Hier sind ein paar Beispiele für Ausdrücke:

```
3        (eine Zahl)
A        (eine Variable)
2+2      (Zahl, Operator, Zahl)
A+2      (Variable, Operator, Zahl)
A+B∗3    (Variable, Operator, Ausdruck)
```

Ausdrücke können in Klammern eingeschlossen sein, z. B.:

```
3+(A+2)/2
B+((C∗2)+(D/2))/4
```

Du stellst dir einen Ausdruck am besten als einen Zahlenwert vor oder als etwas, das ausgerechnet wird und einen Zahlenwert ergibt; mit anderen Worten, als eine Formel, um einen Wert zu berechnen. Das Gleichheitszeichen (=) in der Wertzuweisung wird anders aufgefaßt als in der Mathematik. In einem Ausdruck bedeutet es soviel wie „erhält den Wert von". Zum Beispiel könntest du schreiben:

```
10  A=1
20  A=A+1
```

(Der Ausdruck A=A+1 ist nicht als Gleichung im mathematischen Sinne zu verstehen.) In BASIC ist der Wert von A, nachdem Anweisung 20 ausgeführt worden ist, 1 (der vorherige Wert von A) + 1 = 2. Um Verwechslungen zu vermeiden, benutzen viele moderne Programmiersprachen anstelle des =-Zeichens das Symbol ← oder :=. Denke daran, daß bei einer Wertzuweisung in BASIC das =-Zeichen soviel bedeutet wie: Die Variable auf der linken Seite erhält den Wert des Ausdruckes auf der rechten Seite.

Hier sind einige Beispiele für richtige Wertzuweisungen:

```
A = −3+2 (−3 ist eine negative, ganze Zahl)
B = A+1
C = (2*3)+(A/B)
MIWERT = SUMME/ANZAHL
QUADRAT = A**2
X = B**2−(4*A*C)
```

Untersuchen wir doch die letzte Zuweisung und überprüfen wir, ob sie unsere Definitionen bestätigt:

B**2

ist

<Variable> <Operator> <Zahl>

gefolgt von

−(4*A*C)

das ist

<Operator> <Ausdruck in Klammern, der als Wert zählt>

Innerhalb der Klammern:

4*A*C

ist

<Zahl> <Operator> <Variable> <Operator> <Variable>

Ja, der Ausdruck ist richtig.

Die folgenden Zuweisungen sind jedoch unzulässig:

B + C = SUMME	(*links vom =-Zeichen darf kein Ausdruck stehen, sondern nur eine Variable*)
2 = A	(*links darf nur eine Variable stehen, kein Wert*)
SUMME = B + C(D/3)	(*hinter C fehlt der Operator*)
(MIWERT) = (B + C)/2	(*keine Klammern auf der linken Seite*)
A =	(*fehlender Wert auf der rechten Seite*

Achte schließlich noch darauf, daß zu dem Zeitpunkt, wo eine Zuweisung ausgeführt wird, alle Variablen rechts vom =-Zeichen einen Wert erhalten haben müssen. Wenn du schreibst

```
10   B = 2
20   SUMME = B + C
30   INPUT C
```

bleibt das Programm in Zeile 20 stecken, weil C keinen Wert hat. Wahrscheinlich war folgendes gemeint:

```
10   B = 2
20   INPUT C
30   SUMME = B + C
```

Jetzt haben wir die Syntax von Wertzuweisungen gelernt. Wir wollen unsere neuen Fähigkeiten anwenden und ein wichtiges Verfahren vorstellen, das Zuweisungen benutzt: das *Zählverfahren*. Wir werden es in vielen unserer Programme brauchen.

Die Zählvariable

Erinnere dich, daß eine Variable einfach nur ein Name ist, der einer Speicherstelle gegeben wird. Wir können einen Wert in einer Speicherstelle abspeichern, indem wir die INPUT-Anweisung oder die

„Komm, wir spielen 1, 2, 3!"

„Ich bin eine Zählvariable."

Wertzuweisung (=) verwenden. Im folgenden Beispiel möchten wir den Wert einer Variablen ständig verändern, um irgend etwas zu zählen. Bei diesem Verfahren arbeiten wir mit *Zählvariablen*. Wir wollen jetzt vorführen, wie wir mit aufeinanderfolgenden Zuweisungen den Wert der Variablen N verändern können. Tippe folgendes im direkten Ausführungsmodus ein (**Anmerkung:** Dieser Modus heißt auch *Taschenrechnermodus*):

    N = 1

Der Wert wird automatisch in N gespeichert. Überprüfen wir dies doch. Tippe:

    PRINT N

Der Wert 1 erscheint. Tippe jetzt:

    N = 2

N enthält jetzt den Wert 2. Tippe:

    PRINT N

Die Antwort ist:

    2

Der Wert 2 ist statt des Wertes 1 in N gespeichert worden. Tippe:

    N = 3

Tippe jetzt

    PRINT N

und überprüfe, ob der Wert 3 in N gespeichert worden ist. Es funktioniert also. Wir benutzen jetzt gleich dieses Verfahren, um Ereignisse zu zählen. Mit anderen Worten, eine Variable kann als Zähler für Ereignisse benutzt werden. Hier ist eine Vorschau auf ein fortgeschrittenes Programm, das zählt, wie oft du Zahlen von der Tastatur eingibst. Es hört auf, wenn du Null eingibst.

```
10  SUMME = 0
20  SUMME = SUMME + 1
30  PRINT "GIB EINE BELIEBIGE ZAHL EIN.
       0 UM AUFZUHÖREN";
40  INPUT ZAHL
50  PRINT "DU HAST "; SUMME; "ZAHLEN EINGEGEBEN"
60  IF ZAHL <> 0 THEN 20
70  END
```

Anweisungen wie die in Zeile 60 werden wir später in Kapitel 6 in allen Einzelheiten untersuchen. Die Anweisung bedeutet soviel wie: Wenn (= IF) eine ZAHL ungleich (<>) Null ist, dann (= THEN) führe Anweisung 20 aus.

Hier ist ein typischer Programmlauf:

```
GIB EINE BELIEBIGE ZAHL EIN. 0 UM AUFZUHOEREN? 5
DU HAST 1 ZAHLEN EINGEGEBEN
GIB EINE BELIEBIGE ZAHL EIN. 0 UM AUFZUHOEREN? 1
DU HAST 2 ZAHLEN EINGEGEBEN
GIB EINE BELIEBIGE ZAHL EIN. 0 UM AUFZUHOEREN? 2
DU HAST 3 ZAHLEN EINGEGEBEN
GIB EINE BELIEBIGE ZAHL EIN. 0 UM AUFZUHOEREN? 3
DU HAST 4 ZAHLEN EINGEGEBEN
GIB EINE BELIEBIGE ZAHL EIN. 0 UM AUFZUHOEREN? 4
DU HAST 5 ZAHLEN EINGEGEBEN
GIB EINE BELIEBIGE ZAHL EIN. 0 UM AUFZUHOEREN? 0
DU HAST 6 ZAHLEN EINGEGEBEN
END
```

In diesem Programm wird in der ersten Anweisung SUMME mit dem *Anfangswert* 0 v*orbelegt.* Der Wert von SUMME erhöht sich jedesmal um eins, wenn eine neue Zahl eingegeben wird. Die Variable SUMME wird hier als Zählvariable verwendet. Wir werden vielen Beispielen dieses Verfahrens begegnen, wenn wir mehr Programme schreiben. Später werden wir lernen, wie wir ein solches Programm verbessern können. Wir können dann das Programm stoppen, ohne die Zahl 0 eingeben zu müssen.

Zusammenfassung

In diesem Kapitel haben wir gelernt, Programme zu schreiben, die wiederholt benutzt werden können. Diese Programme liefern, je nach den Werten, die von der Tastatur eingegeben werden, neue Ergebnisse. Wir haben das erreicht, indem wir Variablen benutzt und ihnen auf verschiedene Arten Werte zugewiesen haben.

Du solltest dir eine Variable als einen Namen vorstellen, der einer Speicherstelle gegeben wird. In dieser Speicherstelle kannst du dann einen Wert oder Text abspeichern oder holen.

Wir haben gelernt, den Inhalt von Variablen mit Hilfe der INPUT-Anweisung oder der Wertzuweisung zu verändern. Wir können jetzt einfache Programme schreiben, die selbständig einen Dialog führen oder einfache Berechnungen ausführen.

Unsere Programme werden jetzt ständig länger als 10 Zeilen sein. Wir wollen sie trotzdem übersichtlich halten. Daher wollen wir im nächsten Kapitel erst einmal lernen, wie wir übersichtliche Programme schreiben können. Erst danach wollen wir weitere Hilfsmittel und Methoden kennenlernen.

Übungen

4-1: Lies vier Zahlen von der Tastatur ein und zeige die Summe, den Mittelwert und das Produkt der vier Zahlen an.

4-2: Angenommen, dein BASIC läßt „lange Variablennamen" zu. Sind die folgenden Variablennamen richtig?

    a. 24B   e. ALPHA2D   i. PL
    b. B24   f. BEISPIEL   j. 3$
    c. A+B   g. INPUT   k. DREI
    d. APLUSB   h. INPUT1   l. NAME$

4-3: Schreibe ein Programm, das nach dem Namen des Anwenders fragt und sagt: „ICH GLAUBE,ICH KENNE (hier den Namen)!"

4-4: Schreibe ein Programm, das folgendes erfragt:
        — einen Gegenstand (Mehrzahl)
        — ein Möbelstück
        — den Namen eines Freundes
und dann sagt: „HAT DEIN FREUND (Name) EINIGE (Gegenstand) IN DEM ODER DER (Möbelstück)?"

4-5: Schreibe ein Programm, das nach der Farbe deiner Augen fragt und dann sagt: „ICH MAG (Farbe)E AUGEN."

4-6: Sind die folgenden Zuweisungen richtig:

    a. A+1=A   d. B+C=A
    b. A=A+A+A   e. 3=2+1
    c. A=B+C   f. ZAHL=ERSTE+LETZTE∗2

5

Bisher haben wir kurze Programme geschrieben und drei verschiedene Arten von Anweisungen benutzt: PRINT, INPUT und Zuweisung (=). Wir haben ebenfalls gelernt, einfache arithmetische Ausdrücke zu schreiben. In den folgenden Kapiteln werden wir neue Methoden und Arten von Anweisungen kennenlernen, und wir werden längere Programme schreiben. Bevor wir jedoch fortfahren, wollen wir zunächst lernen, wie wir unsere Programme übersichtlich und lesbar machen können.

Es ist wichtig, ein Programm lesbar zu gestalten. Wenn du heute ein Programm schreibst und es in ein paar Tagen benutzen oder ändern möchtest, brauchst du wahrscheinlich einige Zeit, um dich zu erinnern und zu verstehen, was das Programm macht und wie es das macht. Als Faustregel gilt: Komme dem zuvor und mache jedes Programm so lesbar wie möglich, sobald du es schreibst.

Die Absicht dieses Kapitels ist es, dir zu helfen, die Lesbarkeit deiner Programme zu verbessern.

Wir werden 7 Methoden untersuchen:

1. Die Benutzung von REM-Anweisungen (um *Bemerkungen* (= REMarks) in ein Programm einzufügen).
2. Die Benutzung von mehreren Anweisungen in einer Zeile.
3. Die Benutzung von Leerzeichen innerhalb einer Anweisung.
4. Die Benutzung der „leeren PRINT"- und der CLE-Anweisung (um die Anzeige auf dem Bildschirm zu verbessern).
5. Die Benutzung der „verkürzten INPUT"-Anweisung (um die Anzahl der Zeilen in einem Programm zu verringern).
6. Die Auswahl von sinnvollen Namen für Variablen.
7. Die richtige Zeilennumerierung.

Wir werden jetzt jede Methode im einzelnen beschreiben.

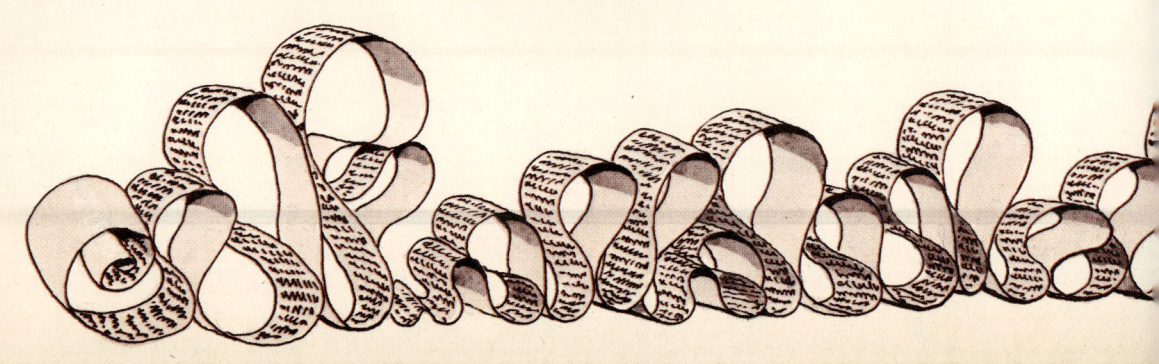

Wir schreiben ein übersichtliches Programm

Der REM-Befehl

Hier ist ein Beispiel, das die REM-Anweisung verwendet:

```
10   REM***ADDITIONSPROGRAMM***
20   PRINT "GIB ZWEI ZAHLEN EIN:";
30   INPUT ERSTE,ZWEITE
40   PRINT "IHRE SUMME IST: "; ERSTE + ZWEITE
50   END
```

Mit der REM-Anweisung können Kommentare eingefügt werden, die ein Programm leichter lesbar machen. Diese Anweisung wird vom Interpreter ignoriert, wenn das Programm ausgeführt wird. Sie hat keinerlei Wirkung auf das Programm. Hier sind weitere Beispiele, die du benutzen kannst:

```
25   REM JETZT WERDEN DIE BEIDEN ZAHLEN GELESEN
45   REM WIR KOENNTEN SIE AUCH MULTIPLIZIEREN
```

Und hier ist das entsprechende Programm:

```
10   REM***ADDITIONSPROGRAMM***
20   PRINT "GIB ZWEI ZAHLEN EIN:";
25   REM JETZT WERDEN DIE BEIDEN ZAHLEN GELESEN
30   INPUT ERSTE,LETZTE
40   PRINT "IHRE SUMME IST: "; ERSTE + LETZTE
45   REM WIR KOENNTEN SIE AUCH MULTIPLIZIEREN
50   END
```

Für den Interpreter sind REMs unsichtbar.

„Sieh' mal, wie ein paar Sternchen mein Programm verschönern."

Um die Lesbarkeit zu verbessern, kannst du nach Belieben Sternchen, Bindestriche oder andere Symbole verwenden:

```
10    REM***ADDITIONSPROGRAMM***
60    REM-----ZWEITER TEIL-----
100   REM=====GROSSES FINALE=====
200   REM$$$$AENDERE DIESEN ABSCHNITT SPAETER$$$$
```

Mehrere Anweisungen in einer Zeile

Die meisten BASIC-Versionen gestatten dir, zwei oder mehrere Befehle, durch einen Doppelpunkt getrennt, in die gleiche Zeile zu schreiben. Hier ist ein Beispiel:

```
50    PRINT "GIB EINE ZAHL"; : INPUT ZAHL
```

Das ist gleichbedeutend mit:

```
50    PRINT "GIB EINE ZAHL";
60    INPUT ZAHL
```

Beachte, daß es nur eine Zeilennummer pro Zeile geben kann. Deshalb steht nur eine Zeilennummer auf der linken Seite, wenn zwei Anweisungen in die gleiche Zeile geschrieben werden. Hier ist ein anderes Beispiel:

```
100   REM***BERECHNE ALLES IN EINER ZEILE***
110   SUMME=A+B : PRODUKT=A*B : MIWERT=SUMME/2
```

In Zeile 110 stehen drei Anweisungen.

Wenn wir mehrere Befehle in die gleiche Zeile schreiben, ist das in mindestens zwei Fällen vorteilhaft: um eine INPUT-Anweisung klarer zu machen und um REM-Anweisungen rechts von einer Anweisung einzufügen. Hier ist ein Beispiel, das zeigt, wie die INPUT-Anweisung klarer wird:

```
70    PRINT "GIB 2 ZAHLEN EIN"; : INPUT N1,N2
```

Zeile 70 ist so geschrieben, daß sie dem entspricht, was auf dem Bildschirm passiert. Das macht das Programm lesbarer.

Folgendes Beispiel zeigt, wie eine Anweisung und ein dazugehöriges REM in einer Zeile plaziert werden können:

```
60    ERGEBNIS=A+2*B-5 : REM DAS ERGEBNIS MUSS
      POSITIV SEIN
```

Hier ein anderes Beispiel:

```
50    BRUTTO=NETTO*1.14 : REM BRUTTO=NETTO+
      14% MEHRWERTSTEUER
```

Gebrauch von Leerzeichen

Mit Ausnahme von Namen, Zeichenfolgen oder Eingabedaten werden Leerzeichen im allgemeinen von BASIC ignoriert. Beispielsweise könntest du schreiben:

```
20    PRINT4+2*3
```

Eine solche Anweisung ist jedoch schlecht zu lesen. Damit du dein Programm später leicht lesen kannst, solltest du großzügig Leerzeichen verwenden. Gebrauche Leerzeichen:

▶ *nach jedem Schlüsselwort, wie etwa PRINT oder INPUT*

```
50    PRINT 4
60    INPUT ZAHL
```

▶ *vor und nach jedem Operator*

```
30    PRINT 4 + 2 *3
40    ERGEBNIS = A1 / ((B - C) * D)
```

Du kannst auch Leerzeichen vor Schlüsselwörtern benutzen, um Anweisungen in deinem Programm in eine Zeile zu bringen oder einzurücken. Hier ist ein Beispiel:

```
10    PRINT "ZEHN"
20    PRINT "ZWANZIG"
90    PRINT "NEUNZIG"
100   PRINT "EINHUNDERT"
200   PRINT "ZWEIHUNDERT"
```

*Sei großzügig
mit Leerzeichen!*

Ohne die beiden ersten Leerzeichen in den Zeilen 10, 20 und 90 hätte das Programm wie folgt ausgesehen:

```
10    PRINT "ZEHN"
20    PRINT "ZWANZIG"
90    PRINT "NEUNZIG"
100   PRINT "EINHUNDERT"
200   PRINT "ZWEIHUNDERT"
```

Schließlich noch ein Beispiel, wie du Leerzeichen innerhalb von REM-Anweisungen verwenden kannst, um das Lesen noch mehr zu erleichtern:

```
1   REM   DIESES PROGRAMM VERWALTET MEINEN
                WARENBESTAND
2   REM   COPYRIGHT ICH SELBST 1982
3   REM   DAS SIND DIE VARIABLEN:
4   REM   F     IST DIE FARBE (1 BIS 10)
5   REM   E     IST DIE ANZAHL DER EINHEITEN (BIS ZU 1000)
6   REM   G     IST DIE GROESSE (1 BIS 50)
7   REM   KPE SIND DIE KOSTEN PRO EINHEIT
8   REM   V     IST DER VERKAUFSPREIS
9   REM   N     IST DIE NACHBESTELLMENGE
```

Beachte, wie die Leerzeichen die Lesbarkeit vergrößern. Du darfst jedoch keine Leerzeichen mitten in ein Schlüsselwort, einen Variablennamen oder eine Antwort auf ein INPUT setzen, es sei denn, die Leerzeichen sind Bestandteil der Zeichenfolge für die INPUT-Anweisung.

Verbesserung
der Bildschirmausgabe

Es gibt zwei weitere Möglichkeiten, um die Darstellung der Ergebnisse auf dem Bildschirm zu verbessern: die CLE-Anweisung (CLE = clear screen = Bildschirm löschen) und die leere PRINT-Anweisung.

Mit dem Befehl CLE wird jedesmal der Bildschirm gelöscht. Das ist z. B. am Anfang des Programms recht sinnvoll:

    NEW : CLE

Dies ist eine Doppelanweisung: zunächst wird der Programmspeicher gelöscht und danach der Bildschirm.

Hier ist ein Trick, den du vielleicht verwenden möchtest. Am Ende deines Programms kannst du schreiben:

    CLE : LIST

Das löscht den Bildschirm und zeigt noch einmal das ganze Programm, bevor es ausgeführt wird.

Viele, aber nicht alle BASIC-Versionen bieten ein CLE oder einen ähnlichen Befehl an, z. B. CLS. Denk daran, daß der CLE-Befehl in Microsoft BASIC die Variablen anstatt des Bildschirms löscht. (**Anmerkung:** Falls dein BASIC kein CLE hat, kannst du im allgemeinen dasselbe Ergebnis erreichen, wenn du tippst:

    10   PRINT CHR$(ZAHL)

wobei ZAHL die Zahl eines speziellen Zeichens enthält, das den Bildschirm löscht (siehe hierzu die Beschreibung deines Computers).)

Die leere PRINT-Anweisung kann benutzt werden, um eine leere Zeile anzuzeigen. Du tippst einfach:

    50   PRINT

und eine leere Zeile wird angezeigt. Wenn du drei Zeilen auf dem Bildschirm überspringen möchtest, mußt du

    50   PRINT : PRINT : PRINT

tippen oder, was gleichbedeutend ist:

    50   PRINT
    60   PRINT
    70   PRINT

Verkürzte Eingabe

Jedesmal, wenn du die INPUT-Anweisung benutzt, solltest du den Anwender ansprechen und ihm erklären, was er eingeben soll. Hier ist ein Beispiel:

    50   PRINT "GIB ZWEI GANZE ZAHLEN EIN";
    60   INPUT A1, A2

Je einfacher, desto besser!

Die Folge PRINT-INPUT wird so häufig benutzt, daß die meisten modernen BASIC-Versionen eine verkürzte INPUT-Anweisung zulassen:

    50   INPUT "GIB ZWEI GANZE ZAHLEN";
           A1, A2

was gleichbedeutend mit den beiden vorherigen Anweisungen ist. Dieses abgekürzte Verfahren verringert die erforderliche Schreibarbeit und zeigt klar an, was auf dem Bildschirm dargestellt wird.

Wenn dein BASIC diese Verkürzung nicht zuläßt, kannst du eine Doppelanweisung in einer Zeile benutzen:

    50   PRINT "GIBT ZWEI GANZE ZAHLEN"; : INPUT
           A 1, A2

93

Auswahl von Variablennamen

Du solltest Variablennamen so auswählen, daß du immer genau weißt, was der Name darstellt. Ansonsten könnte es schwierig sein, ein langes Programm zu schreiben, und es würden sich viele dumme Fehler einschleichen. Außerdem könntest du bei unklaren Variablennamen später einmal Schwierigkeiten haben herauszufinden, was dein Programm macht.

Falls dein BASIC als Variablennamen nur einen einzigen Buchstaben plus wahlweise eine Ziffer zuläßt, kannst du nicht viel machen. Hier sind einige sinnvolle Namen:

```
10  REM WIR BENUTZEN:
20  REM    R    FUER DAS RESULTAT
30  REM    E    FUER DIE ERSTE ZAHL
40  REM    L    FUER DIE LETZTE ZAHL
```

Falls dein BASIC Namen mit mehreren Buchstaben erlaubt, benutze sie auch. Wir haben das obige Beispiel neu geschrieben, um diese Möglichkeit zu nutzen:

```
10  REM HIER SIND DIE VARIABLEN ZUM ZWEITEN MAL
20  REM    RESULTAT    FUER DAS RESULTAT
30  REM    ERSTE       FUER DIE ERSTE ZAHL
40  REM    LETZTE      FUER DIE LETZTE ZAHL
```

Die beiden wichtigsten Einschränkungen sind:

- Dein BASIC beschränkt gewöhnlich die maximale Anzahl von Zeichen.
- Du darfst kein Schlüsselwort, wie etwa PRINT, REM oder INPUT, als Variablennamen verwenden.

Es ist eine gute Idee, die Bedeutung aller Variablennamen zu Beginn eines jeden Programms anzugeben. Das gleiche gilt für Formeln oder Gleichungen.

Richtige Zeilennumerierung

Bisher haben wir in diesem Kapitel Zeilen mit einem Vielfachen von 10 numeriert:

```
10  (Befehl)
20  (Befehl)
30  (Befehl)
```

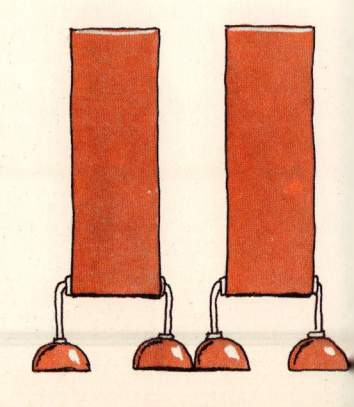

Du kannst jedoch jede beliebige Folge nehmen, solange du positive ganze Zahlen nimmst und nicht die Grenze des Interpreters für Zeilennummern überschreitest. Zum Beispiel könntest du schreiben:

```
1   (Befehl)
2   (Befehl)
3   (Befehl)
```

oder

```
100   (Befehl)
200   (Befehl)
300   (Befehl)
```

Wir haben vorsichtshalber gleichmäßige Abstände zwischen aufeinanderfolgenden Zeilennummern gelassen, damit wir später Korrekturen oder Verbesserungen bequem einfügen können. Beispielsweise haben wir hier Version 1 eines Programms:

```
10   REM***MULTIPLIKATIONSPROGRAMM***
20   INPUT "GIB MIR 2 ZAHLEN"; N1, N2
30   PRINT "DAS PRODUKT IST: "; N1 * N2
40   END
```

Wir möchten jetzt das Programm übersichtlicher machen und die Anzeige verbessern. Hierzu tippen wir die folgenden zusätzlichen Befehle ein:

```
5    CLE
15   PRINT "DIES IST EIN AUTOMATISCHES MULTIPLIKATIONS-
         PROGRAMM"
16   PRINT : PRINT : PRINT
35   PRINT : PRINT
```

Numeriere deine Zeilen ordentlich!

Die neuen Befehle werden automatisch an der richtigen Stelle eingesetzt. Schauen wir uns das Ergebnis an:

```
>LIST
5    CLE
10   REM***MULTIPLIKATIONSPROGRAMM***
15   PRINT "DIES IST EIN AUTOMATISCHES
         MULTIPLIKATIONSPROGRAMM"
16   PRINT : PRINT : PRINT
20   INPUT "GIB MIR 2 ZAHLEN"; N1, N2
30   PRINT "DAS PRODUKT IST: "; N1 * N2
35   PRINT : PRINT
40   END
```

Hier ist ein Beispiellauf unseres verbesserten Programms:

```
DIES IST EIN AUTOMATISCHES MULTIPLIKATIONSPROGRAMM
GIB MIR 2 ZAHLEN?12,15
DAS PRODUKT IST:180
```

Falls du vorhast, viele Korrekturen durchzuführen oder viele neue Anweisungen hinzuzufügen, möchtest du vielleicht größere Abstände in deiner Zeilennumerierung lassen, wie zum Beispiel:

```
10    (Befehl)
50    (Befehl)
60    (Befehl)
100   (Befehl)
```

Viele BASIC-Versionen besitzen einen speziellen Befehl, RENUMBER genannt, der automatisch alle Zeilen in deinem Programm in Abständen von 10 numeriert. Das ist in langen Programmen sehr nützlich, wenn du keinen Platz mehr hast, um neue Programmteile oder Korrekturen einzuschieben.

Zusammenfassung

Wenn wir funktionierende Programme schreiben möchten, wird etwas vorausgesetzt: Disziplin. Es ist wichtig, daß du so ordentlich und so systematisch wie möglich bist, wenn du Programme schreibst. Abkürzungen erhöhen die Wahrscheinlichkeit von Fehlern. Insbesondere nimm dir Zeit dafür, dein Programm und deine Anzeige übersichtlich zu machen. Wir haben in diesem Kapitel alle Methoden beschrieben und hervorgehoben, die nötig sind, um ein klares Programm zu schreiben.

Wenn du Programme in BASIC schreibst, solltest du dir alle Mühe geben, den Anregungen zu folgen, die in diesem Kapitel gegeben wurden. Es ist unerläßlich, daß du dir einen guten Programmierstil aneignest. Sonst könnten deine Programme unleserlich sein, oder vielleicht noch nicht einmal funktionieren, sobald du anfängst, schwierigere Programme zu schreiben.

Übungen

5-1: Beschreibe Möglichkeiten, um die Lesbarkeit der Anzeige zu verbessern.

5-2: Ist das Folgende zulässig?

    a. A=A+1
    b. A = A + 1
    c. PRINT ALPHA+2
    d. SUMME=2+(3+(4/5))/2
    e. IN PUTZAHL
    f. SUMME= 2 2+3 3

5-3: Erkläre, warum die meisten INPUT-Anweisungen vorher eine Mitteilung bringen sollten.

5-4: Gib drei Beispiele für verkürzte INPUT-Befehle an.

5-5: Warum benutzen wir REMs?

5-6: Welchen Wert hat A nach diesen beiden Befehlen?

    30   A=3
    40   REM A=4

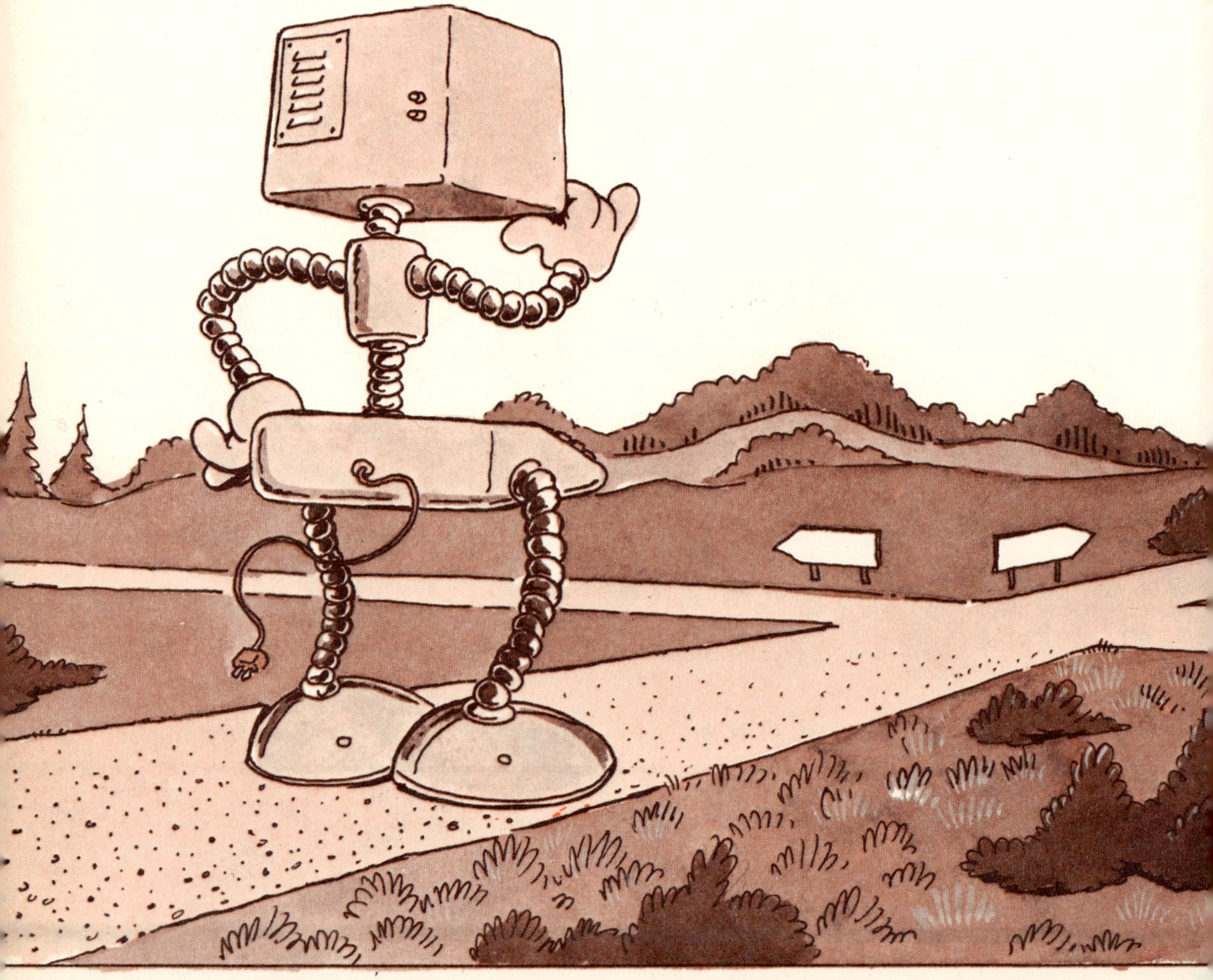

Wir treffen Entscheidungen

6

Bisher haben wir gelernt, wie wir uns mit dem Computer verständigen und wie wir einfache Berechnungen ausführen können. Unsere Programme waren jedoch etwas langweilig, und wir hätten die gleichen Dinge auch mit der Hand ausführen können. Das liegt daran, daß wir nur die elementaren Fähigkeiten des Computers benutzt haben. Die fortgeschrittenen Möglichkeiten haben wir nicht ausgenutzt. Beispielsweise erledigen Computer zwei Aufgaben besonders gut: komplizierte Entscheidungen zu treffen (mit Hilfe von Logik und Werten) und wiederkehrende Arbeiten in kurzer Zeit viele Male auszuführen. Wir werden in diesem und in den folgenden Kapiteln lernen, wie wir diese Möglichkeiten nutzen können. Insbesondere werden wir lernen, Entscheidungen zu treffen. Unsere Programme werden „intelligent" werden, da sie entscheiden, was zu tun ist.

Wir treffen in BASIC Programmentscheidungen, indem wir mit Hilfe der IF-Anweisung einen Wert testen. Ist der Test erfolgreich, wird der eine Teil des Programms ausgeführt. Schlägt der Test fehl, wird ein anderer Teil ausgeführt. Wir werden jetzt lernen, mit der IF-Anweisung Tests durchzuführen. Wir werden ebenfalls lernen, wie wir mit der GOTO-Anweisung das Programm veranlassen können, eine Gruppe von Befehlen außerhalb der vorgegebenen Reihenfolge auszuführen.

Die IF-Anweisung

Die IF-Anweisung wird wie folgt geschrieben:

    IF (Bedingung) THEN (Befehl, d.h. tue etwas)

Hier ist ein Beispiel:

    IF I=1 THEN PRINT "EINS"

Und so versteht der Computer die Anweisung: Wenn (= IF) der Wert der Variablen I gleich 1 ist, dann (= THEN) drucke das Wort „EINS". Ist I ungleich 1, so passiert nichts, und die nächste Anweisung des Programms wird ausgeführt.

I=1 wird *logischer Ausdruck* genannt. Der Ausdruck I=1 ist *wahr*, wenn I den Wert 1 hat, andernfalls ist er *falsch*.

Die IF...THEN-Anweisung erlaubt dir, den Wert eines Ausdrucks zu testen und eine Entscheidung für den einen oder anderen Befehl zu treffen, je nach dem Ergebnis des Testes.

Hier ist ein weiteres Beispiel:

    10   INPUT I
    20   IF I = 1 THEN PRINT "EINS"
    30   END

Dino ist ganz schön durcheinander. Er muß sich für einen der beiden Wege entscheiden.

Starte jetzt dieses Programm und tippe „1". Dein Bildschirm sollte so aussehen:

```
>RUN
?1
EINS
>
```

Starte das Programm noch einmal und tippe „2". Dein Bildschirm sollte jetzt so aussehen:

```
>RUN
?2
>
```

Dieses Mal ist keine Mitteilung als Antwort auf die 2 gedruckt worden.

Wir wollen jetzt unserem Programm beibringen, die Zahlen 1 bis 4 zu erkennen:

```
10  REM DIESES PROGRAMM ERKENNT DIE ZAHLEN 1 BIS 4
20  INPUT "TIPPE EINE GANZE ZAHL:"; ZAHL
30  IF ZAHL=1 THEN PRINT "EINS"
40  IF ZAHL=2 THEN PRINT "ZWEI"
50  IF ZAHL=3 THEN PRINT "DREI"
60  IF ZAHL=4 THEN PRINT "VIER"
70  END
```

Starten wir das Programm. Hier sind zwei typische Programmläufe, wie sie auf dem Bildschirm erscheinen (mit Fettdruck):

```
>RUN
TIPPE EINE GANZE ZAHL:?3
DREI
>RUN
TIPPE EINE GANZE ZAHL:?5
>
```

Das ist schon gut, aber noch nicht perfekt. Wenn wir eine 5 eintippen, soll das Programm beispielsweise antworten:

ICH KENNE DIESE ZAHL NICHT

oder aber nach einer neuen ganzen Zahl fragen.

101

Es gibt eine besondere Möglichkeit der IF-Anweisung, mit der du das erreichen kannst. Beispielsweise könntest du schreiben:

    70   IF ZAHL=5 THEN 20

wobei 20 die Nummer der Zeile ist, die ausgeführt wird, wenn der Test erfolgreich ist. Das ist eine neue Form der IF-Anweisung. Die Anweisung bedeutet: Wenn ZAHL gleich 5 ist, dann führe Zeile 20 als nächstes aus. Wir können jetzt die Reihenfolge durchbrechen! Hier ist ein Beispiel:

```
10    INPUT I
20    IF I=1 THEN 50
30    PRINT "DU HAST KEINE 1 EINGEGEBEN"
40    END
50    PRINT "DU HAST EINE 1 EINGEGEBEN"
60    END
```

Starte das Programm und tippe eine „1" ein. Dein Bildschirm sollte wie folgt aussehen:

```
>RUN
?1
DU HAST EINE 1 EINGEGEBEN
>
```

Wir können das Programm auch aus der Reihe tanzen lassen.

Starte das Programm noch einmal und tippe eine „2" ein. Dein Bildschirm sollte wie folgt aussehen:

```
>RUN
?2
DU HAST KEINE 1 EINGEGEBEN
>
```

Unser Programm ist „intelligent" geworden, d. h. es gibt eine entsprechende Mitteilung, ob die Eingabe eine 1 ist oder nicht. Du fragst dich vielleicht, ob wir das gleiche Ergebnis nicht mit der ursprünglichen Form der IF-Anweisung hätten erreichen können. Probieren wir es doch aus:

```
10   INPUT I
20   IF I=1 THEN PRINT "DAS IST EINE EINS"
30   PRINT "DAS IST KEINE EINS"
40   END
```

Jetzt laß das Programm laufen und tippe eine 1 ein. Die Anzeige ist die folgende:

```
>RUN
?1
DAS IST EINE EINS
DAS IST KEINE EINS
>
```

„Ich bin der Fehlerteufel. Jetzt hab' ich dich!"

Es funktioniert nicht. Unabhängig von Erfolg oder Fehlschlag des IF wird die dem IF folgende Anweisung (hier Anweisung 30) ausgeführt.

Wir erhalten in diesem Beispiel zunächst die richtige Mitteilung, wenn das IF ausgeführt wird:

DAS IST EINE EINS

Die zweite Mitteilung wird dann trotzdem gedruckt:

DAS IST KEINE EINS

Die neue Form der IF-Anweisung:

IF I=1 THEN 50

beseitigt dieses Problem. Wir werden diese Anweisung häufig in unseren Programmen verwenden.

Ein erfolgreiches IF macht die Anweisung aktiv.

Sehen wir uns die IF-Anweisung nun einmal genauer an, damit wir alle ihre Möglichkeiten nutzen können. Die allgemeine Form der IF...THEN-Anweisung ist die folgende:

IF (logischer Ausdruck) THEN (ausführbare Anweisung oder Zeilennummer)

Wir wollen jetzt nacheinander logische Ausdrücke und ausführbare Anweisungen untersuchen.

Logische Ausdrücke

In unserem Beispiel ist I=1 ein *logischer Ausdruck*, d.h. er kann entweder wahr oder falsch sein. Wahr und falsch werden Wahrheitswerte genannt. Hier sind einige Beispiele für logische Ausdrücke:

I=1	*(I gleich 1)*
I>4	*(I ist größer als 4)*
ZAHL<100	*(ZAHL ist kleiner als 100)*
JAHR<>5	*(JAHR ist ungleich 5)*
ALTER<13	*(ALTER ist kleiner als 13)*

Ein logischer Ausdruck verbindet Werte oder Variablen mit logischen Operatoren. Der Vollständigkeit halber sind alle Operatoren, die du in logischen Ausdrücken benutzen kannst, hier angegeben:

=	gleich	
<>	ungleich	*(in der Mathematik als ≠ oder # geschrieben)*
<	kleiner	
>	größer	
<=	kleiner gleich	*(in der Mathematik als ≤ geschrieben)*
>=	größer gleich	*(in der Mathematik als ≥ geschrieben)*

Hier sind ein paar kompliziertere logische Ausdrücke:

    (ZAHL+2) > 4
    (ALTER−5) >= 10
    ((2*I−5)/2) < 10
    2>I

Du kannst auch schreiben:

    4 > 2   *(ist immer wahr)*
    4 = 2   *(ist immer falsch)*

Die folgenden logischen Ausdrücke sind unzulässig:

2<I<0	*(es darf nur ein Vergleichsoperator benutzt werden)*
(2 ALTER − 2) < 5	*(unzulässiger Ausdruck, * fehlt. Richtig: (2*ALTER−2)<5)*

Du darfst sogar logische Ausdrücke verbinden, wenn du die *logischen Operatoren* AND (und), OR (oder) und NOT (nicht) benutzt. Z. B. könntest du schreiben:

    IF (ALTER > 13) AND (ALTER < 18) THEN PRINT
       "DAS IST EIN JUGENDLICHER"

Dieser Befehl druckt immer dann „DAS IST EIN JUGENDLICHER", wenn ALTER größer als 13 und kleiner als 18 ist. Das AND ist erfüllt, d. h. wahr, wenn *beide* Aussagen wahr sind. Beachte, daß du *nicht* schreiben darfst:

    IF ALTER (> 13 AND < 18) THEN...

weil jedes Klammerpaar einen zulässigen Ausdruck einschließen muß.

Hier ist ein anderes Beispiel, das zwei logische Ausdrücke verwendet:

    20   INPUT EINGABE$
    30   IF (EINGABE$ = "JA") OR (EINGABE$ = "NEIN") THEN 60
    40   PRINT "UNZULAESSIGE EINGABE"
         ....
    60   PRINT "ZULAESSIGE EINGABE – WIR MACHEN WEITER"

Dieser Programmteil nimmt eine Antwort in der Variablen EINGABE$ entgegen. (Erinnere dich, daß das $ am Ende eines Namens eine Textvariable kennzeichnet, d. h. eine Ansammlung von Zeichen.) „JA" oder „NEIN" sind die einzigen zulässigen Antworten. Dieses Programm überprüft die Gültigkeit dessen, was du eingegeben hast.

Wenn du JA tippst, dann ist (EINGABE$="JA") wahr, und das IF ist erfolgreich: Anweisung 60 wird als nächste ausgeführt, und das Programm druckt:

    ZULAESSIGE EINGABE – WIR MACHEN WEITER

Das gleiche spielt sich ab, wenn du NEIN tippst.

Wenn du irgendetwas anderes tippst, erhältst du eine Fehlermeldung:

    UNZULAESSIGE EINGABE

Ein OR ist erfüllt, d. h. *wahr*, wenn mindestens eine der beiden Aussagen wahr ist. Das OR ist nicht erfüllt, wenn beide Aussagen falsch sind.

Vergleiche zwischen den Variablen sind erlaubt.

Wenn du beispielsweise „NE" tippst, ist (EINGABE$="JA") falsch, und die zweite Aussage des OR wird überprüft (EINGABE$="NEIN"). Sie ist auch falsch, und das Programm zeigt an:

    UNZULAESSIGE EINGABE

Schließlich gibt es noch das NOT, um eine Bedingung zu verneinen. Hier ist ein Beispiel für einen komplizierten IF-Befehl:

    IF ((NOTENDURCHSCHNITT < 3.5) AND (LETZTE PRUEFUNG
       < 3.0) AND NOT (MUENDLICH > 4.0))
    THEN PRINT "DURCHGEFALLEN"

In diesem Beispiel überprüfen wir drei Bedingungen auf einmal. Wir werden solche komplizierten Befehle hier nicht weiter erörtern, aber du hast vielleicht Lust, auf eigene Faust mit ihnen zu experimentieren.

Ausführbare Befehle

Rufen wir uns die Definition der IF-Anweisung noch einmal ins Gedächtnis zurück:

    IF (logischer Ausdruck) THEN (ausführbare Anweisung oder
                                       Zeilennummer)

Nachdem wir jetzt mit logischen Ausdrücken vertraut sind, wollen wir die rechte Seite dieser Definition untersuchen:

    THEN (ausführbare Anweisung oder Zeilennummer)

Eine ausführbare Anweisung ist einfach jede Anweisung, die ausgeführt wird. Sie kann eine Zuweisungs-, eine INPUT- oder eine PRINT-Anweisung sein. Sie darf jedoch keine andere IF-Anweisung oder ein Kommando wie etwa REM, CLE, NEW oder LIST sein.
Nachdem wir nun die Theorie der IF-Anweisungen verstanden haben, wollen wir sie in die Praxis umsetzen.

Eine Rechenübung

Mit Hilfe unserer neuen Fähigkeiten werden wir jetzt ein Programm entwickeln, das ein „Menü" auf dem Bildschirm anzeigt. Je nach der Wahl des Anwenders führt dieses Lernprogramm Addition, Subtraktion, Multiplikation oder Division aus.

Wir haben vor, folgenden Dialog auf dem Bildschirm zu erzeugen:

```
HERZLICH WILLKOMMEN ZUM COMPUTERRECHENTEST
ICH WERDE DEIN KOPFRECHNEN UEBERPRUEFEN
WAS MOECHTEST DU UEBEN?
    - ADDITION          (TIPPE 1)
    - SUBTRAKTION       (TIPPE 2)
    - MULTIPLIKATION    (TIPPE 3)
    - DIVISION          (TIPPE 4)
WAS NIMMST DU (TIPPE 1, 2, 3 oder 4)?:3
_____

GUT.MULTIPLIZIEREN WIR.
WIEVIEL IST 2 MAL 3: 6
DAS STIMMT. HERZLICHEN GLUECKWUNSCH.
```

„Sollte ich ihm vielleicht ein arithmetisches Menü vorsetzen?"

Hier ist das Programm dazu:

```
10    REM***DIESES PROGRAMM UEBT MIT DIR
      KOPFRECHNEN***
20    PRINT "HERZLICH WILLKOMMEN ZUM
      COMPUTERRECHENTEST"
30    PRINT "ICH WERDE DEIN KOPFRECHNEN
      UEBERPRUEFEN"
40    PRINT "WAS MOECHTEST DU UEBEN?"
50    PRINT " - ADDITION        (TIPPE 1)"
60    PRINT " - SUBTRAKTION     (TIPPE 2)"
70    PRINT " - MULTIPLIKATION  (TIPPE 3)"
80    PRINT " - DIVISION        (TIPPE 4)"
90    INPUT "WAS NIMMST DU (TIPPE 1,2,3 ODER 4):"; AUSWAHL
100   IF (AUSWAHL=1) THEN 200
110   IF (AUSWAHL=2) THEN 300
120   IF (AUSWAHL=3) THEN 400
130   IF (AUSWAHL=4) THEN 500
140   PRINT "FALSCHE EINGABE! DU MUSST EINE ZAHL
      ZWISCHEN 1 UND 4 NEHMEN!"
150   PRINT "AUF WIEDERSEHEN": END
190   REM-----ADDITION-----
200   PRINT "GUT.ADDIEREN WIR"
210   INPUT "WIEVIEL IST 4+7 :"; ZAHL
220   IF (ZAHL <> 11) THEN 600
230   PRINT "DAS STIMMT. HERZLICHEN GLUECKWUNSCH!" :
      END
290   REM-----SUBTRAKTION-----
300   PRINT "GUT.SUBTRAHIEREN WIR"
310   INPUT "WIEVIEL IST 9-5 :"; ZAHL
320   IF (ZAHL <> 4) THEN 600
330   PRINT "DAS STIMMT.HERZLICHEN GLUECKWUNSCH!" :
      END
390   REM-----MULTIPLIKATION-----
400   PRINT "GUT.MULTIPLIZIEREN WIR"
410   INPUT "WIEVIEL IST 2 MAL 3 :"; ZAHL
420   IF (ZAHL <> 6) THEN 600
430   PRINT "DAS STIMMT.HERZLICHEN GLUECKWUNSCH!" :
      END
490   REM-----DIVISION-----
500   PRINT "GUT.DIVIDIEREN WIR"
510   INPUT "WIEVIEL IST 9 GETEILT DURCH 3 :"; ZAHL
520   IF (ZAHL <> 3) THEN 600
530   PRINT "DAS STIMMT.HERZLICHEN GLUECKWUNSCH! " :
      END
590   REM-----ENDE WEGEN FEHLER-----
600   PRINT "FALSCH,TUT MIR LEID.AUF WIEDERSEHEN." : END
```

Dieses Programm sieht eindrucksvoll aus, ist aber in Wirklichkeit ganz einfach. Schauen wir es uns doch etwas genauer an. Die Zeilen 20 bis 90 erzeugen die Anzeige oder das Menü auf dem Bildschirm. Mit den Zeilen 100 bis 130 überprüft das Programm die Auswahl des Anwenders. (Die Klammern nach jedem IF sind nicht erforderlich; sie sind hinzugefügt worden, um die Lesbarkeit zu verbessern.) Hat der Anwender eine „1" getippt, dann ist (AUSWAHL=1) wahr, und Anweisung 200 wird als nächste ausgeführt.

Wenn der Anwender irgend etwas anderes als 1, 2, 3 oder 4 eingetippt hat, wird Anweisung 140 ausgeführt, und das Programm sagt:

> FALSCHE EINGABE! DU MUSST EINE ZAHL ZWISCHEN 1 UND 4 NEHMEN!
> AUF WIEDERSEHEN
> >

und hört auf (wegen der END-Anweisung in Zeile 150).

In unserem Beispiel tippen wir eine 3. Anweisung 100 liefert den Wert „falsch", so daß Anweisung 110 als nächstes ausgeführt wird. Anweisung 110 liefert ebenfalls den Wert „falsch", so daß als nächstes Anweisung 120 ausgeführt wird.

Herzlichen Glückwunsch!"

Anweisung 120 ist erfolgreich, da (AUSWAHL = 3) wahr ist. Daher wird Anweisung 400 als nächstes ausgeführt. Hier ist der entsprechende Programmteil:

```
400   PRINT "GUT. MULTIPLIZIEREN WIR"
410   INPUT "WIEVIEL IST 2 MAL 3 : "; ZAHL
420   IF (ZAHL <> 6) THEN 600
430   PRINT "DAS STIMMT. HERZLICHEN GLUECKWUNSCH!" :
         END
```

In unserem Beispiel tippen wir eine 6 als Antwort auf Anweisung 410 ein. Wenn Anweisung 420 ausgeführt wird, ist (ZAHL <> 6) falsch, weil ZAHL = 6 ist. (Erinnere dich, daß <> ungleich bedeutet.) Deshalb ist die nächste auszuführende Anweisung diejenige in Zeile 430. Das Programm antwortet mit:

```
DAS STIMMT. HERZLICHEN GLUECKWUNSCH!
>
```

und hört auf, da Zeile 430 *zwei* Anweisungen enthält. Die zweite Anweisung lautet:

```
: END
```

Wenn du dir dieses Programm anschaust, wirst du schnell eine neue Enttäuschung erleben: Wenn du eine andere Zahl als 1, 2, 3 oder 4 nach dem Menü eintippst oder wenn du mit einem falschen Rechenergebnis antwortest, hört das Programm sofort auf. Wir möchten gerne, daß das Programm dann weiterläuft. Es wäre beispielsweise gut, wenn das Programm dem Anwender sagt, daß eine andere Zahl als 1 bis 4 ungültig ist, und dann nach einer neuen Wahl fragt. Wir wären gerne in der Lage, zum Anfang des Programms zurückzugehen, und es neu zu starten, oder allgemeiner, zu *jedem beliebigen* Teil des Programms zu gehen. Das ist mit der GOTO-Anweisung möglich. Untersuchen wir doch als nächstes diese Anweisung.

Die GOTO-Anweisung

Die GOTO-Anweisung wird folgendermaßen geschrieben:

GOTO (Zeilennummer)

Sie veranlaßt die Ausführung des angegebenen Befehls. Hier ist ein Beispiel:

```
10   PRINT "DIESES PROGRAMM ERKENNT EINSEN.
        TIPPE 0 UM AUFZUHOEREN."
20   INPUT "TIPPE EINE ZAHL:"; ZAHL
30   IF ZAHL = 1 THEN PRINT "EINS"
40   IF ZAHL = 0 THEN 60
50   GOTO 20
60   END
```

GOTO veranlaßt, daß die angegebene Anweisung erledigt wird.

Hier ist ein Beispiellauf:

```
>RUN
DIESES PROGRAMM ERKENNT EINSEN.
   TIPPE 0 UM AUFZUHOEREN
TIPPE EINE ZAHL: ?1
EINS
TIPPE EINE ZAHL: ?5
TIPPE EINE ZAHL: ?25
TIPPE EINE ZAHL: ?1
EINS
TIPPE EINE ZAHL: ?0
>
```

Jedesmal, wenn du eine 1 tippst, erkennt das Programm diese Zahl und schreibt das Wort EINS. Jedesmal, wenn du irgend etwas anderes eintippst, wird die Zahl ignoriert, und das Programm fragt nach einem neuen Wert. Das Programm geht immer wieder zum Anfang zurück. So etwas wird eine *Schleife* genannt. Man sagt, das Programm läuft in einer Schleife. Wenn du eine 0 eintippst, wird das von Anweisung 40 entdeckt. Das Programm springt nach Zeile 60 und hört auf.

Jetzt nehmen wir mal Anweisung 40 weg. Das Programm sieht wie folgt aus:

```
10   PRINT "DIESES PROGRAMM ERKENNT EINSEN.
         TIPPE 0 UM AUFZUHOEREN."
20   INPUT "TIPPE EINE ZAHL:"; ZAHL
30   IF ZAHL = 1 THEN PRINT "EINS"
50   GOTO 20
60   END
```

Hier ist ein Beispiellauf:

```
DIESES PROGRAMM ERKENNT EINSEN
   TIPPE 0 UM AUFZUHOEREN.
TIPPE EINE ZAHL: ?2
TIPPE EINE ZAHL: ?1
EINS
TIPPE EINE ZAHL: ?5
TIPPE EINE ZAHL: ?0
TIPPE EINE ZAHL: ?
```

„Schluß mit dieser Endlosschleife!"

Wie der Zauberlehrling stehen wir vor einem schrecklichen Problem: Dieses Programm hört überhaupt nicht mehr auf! Dies ist ein häufiger Programmierfehler. Er heißt: *Endlosschleife*. Das Programm läuft ewig weiter. Aber keine Sorge, es geht nichts kaputt. Um das Programm anzuhalten, muß du die Tasten drücken, die vom Hersteller des Interpreters dafür vorgesehen sind, ein BASIC-Programm zu unterbrechen (versuche es mit CTRL C). Im schlimmsten Fall, wenn du gar nicht weißt, was du tun sollst, schalte deinen Rechner aus und dann wieder ein. Aber denke daran: Wenn du den Rechner ausschaltest, verlierst du alles, was du bis dahin eingetippt und nicht vorher auf Kassette oder Diskette gesichert hast. Wir werden uns große Mühe geben, diese unangenehme Situation zu vermeiden, indem wir von jetzt an für jedes Programm ein normales (programmäßiges) Ende vorsehen.

Nachdem wir die GOTO-Anweisung vorgestellt haben, wollen wir jetzt zu unserer Definition der IF-Anweisung zurückgehen und sie vereinfachen.

Noch einmal die IF-Anweisung

Erinnere dich, daß die eine Form der IF-Anweisung wie folgt aussieht:

IF (logischer Ausdruck) THEN (Zeilennummer)

Die andere Form lautet:

> IF (logischer Ausdruck) THEN (ausführbare Anweisung)

Hier ist ein Beispiel für die erste Form:

> IF ZAHL = 0 THEN 60

Dies ist gleichwertig mit:

> IF ZAHL = 0 THEN GOTO 60

GOTO 60 ist eine ausführbare Anweisung, und du wirst erkennen, daß die Form

> THEN 60

einfach nur eine bequeme Kurzform ist für:

> THEN GOTO 60

In Wirklichkeit ist daher die allgemeine Form der IF-Anweisung tatsächlich klarer als unsere vorherige Definition:

> IF (logischer Ausdruck) THEN (ausführbare Anweisung)

Hier ist eine weitere Vereinfachung: Die Verwendung von THEN vor einem GOTO ist gewöhnlich wahlweise. In den meisten BASIC-Versionen sind folgende Formen gleichwertig:

> IF ZAHL = 0 THEN 100
> IF ZAHL = 0 THEN GOTO 100
> IF ZAHL = 0 GOTO 100

Wir werden jetzt die Verwendung von IFs und GOTOs anhand von Programmbeispielen vorführen.

Wir zählen Einsen

In Kapitel 5 haben wir die Zählmethode vorgestellt. Wir wollen sie jetzt benutzen, um die Anzahl der Einsen zu zählen, die wir im letzten Programm des vorangegangenen Abschnitts eingetippt haben. Hier ist das verbesserte Programm:

```
1     REM EINSENZAEHLER
10    PRINT "ICH WERDE ZAEHLEN, WIEVIELE EINZELNE
         EINSEN DU TIPPST."
20    PRINT "TIPPE 0 UM AUFZUHOEREN"
30    SUMME = 0
40    INPUT "TIPPE EINE ZAHL: "; ZAHL
50    IF ZAHL = 0 THEN 100
60    IF ZAHL <> 1 THEN GOTO 40
70    SUMME = SUMME + 1
80    PRINT "EINS.INSGESAMT BISHER: "; SUMME
90    GOTO 40
100   END
```

Hier ist ein Beispiellauf:

```
ICH WERDE ZAEHLEN, WIEVIELE EINZELNE EINSEN DU TIPPST
TIPPE 0 UM AUFZUHOEREN
TIPPE EINE ZAHL: ?10
TIPPE EINE ZAHL: ?1
EINS.INSGESAMT BISHER: 1
TIPPE EINE ZAHL: ?9
TIPPE EINE ZAHL: ?5
TIPPE EINE ZAHL: ?1
EINS.INSGESAMT BISHER: 2
TIPPE EINE ZAHL: ?2
TIPPE EINE ZAHL: ?1
EINS.INSGESAMT BISHER: 3
TIPPE EINE ZAHL: ?410
TIPPE EINE ZAHL: ?
```

Untersuchen wir doch das Programm. Die Zeilen 10 und 20 zeigen die Mitteilungen an:

```
10  PRINT "ICH WERDE ZAEHLEN, WIEVIELE EINZELNE
    EINSEN DU TIPPST"
20  PRINT "TIPPE 0 UM AUFZUHOEREN"
```

Zeile 30 setzt die Variable SUMME Auf den Anfangswert 0:

```
30  SUMME = 0
```

Dann wird die Zahl von der Tastatur eingelesen:

```
40  INPUT "TIPPE EINE ZAHL:"; ZAHL
```

Wenn die Zahl gleich 0 ist, sind wir fertig:

```
50  IF ZAHL = 0 THEN 100
```

wobei 100 die END-Anweisung ist. Nehmen wir einmal an, daß die Zahl 10 war, und schauen wir uns an, was passiert:

```
60  IF Zahl <> 1 THEN GOTO 40
```

Wenn die Zahl nicht gleich 1 ist, springen wir zurück zur Zeile 40 und fragen eine neue Zahl an. Wenn die Zahl gleich 1 ist, machen wir weiter:

```
70  SUMME = SUMME + 1
```

Die Zählvariable SUMME wird um eins erhöht. Erinnere dich an die Bedeutung eines Zuweisungsbefehls. Du kannst Zeile 70 so lesen:

SUMME erhält den neuen Wert von (alter Wert von SUMME) + 1

Zu diesem Zeitpunkt erhält SUMME den Wert 0 + 1 = 1. Die nächste Anweisung lautet:

```
80    PRINT "EINS. INSGESAMT BISHER: "; SUMME
```

Dann geht das Programm zurück zur Zeile 40 und fragt nach einer neuen Zahl:

```
90    GOTO 40
```

Noch einmal die Rechenübung

Erinnere dich, daß wir zu Anfang dieses Kapitels ein Rechentestprogramm entwickelt haben. Wir haben bedauert, daß es zu einfach war und nicht wieder von vorne anfangen konnte. Jetzt können wir es jedoch in einer Schleife laufen lassen.

Da das Programm ziemlich lang ist, wollen wir uns nur den entscheidenden Abschnitt ansehen. Hier ist zunächst der Teil, der den Anwender nach einer Zahl zwischen 1 und 4 fragt:

```
90     INPUT "WAS NIMMST DU (TIPPE 1, 2, 3 ODER 4):"; AUSWAHL
100    IF (AUSWAHL = 1) THEN 200
110    IF (AUSWAHL = 2) THEN 300
120    IF (AUSWAHL = 3) THEN 400
130    IF (AUSWAHL = 4) THEN 500
140    PRINT "FALSCHE EINGABE! DU MUSST EINE ZAHL
            ZWISCHEN 1 UND 4 NEHMEN!"
150    PRINT "AUF WIEDERSEHEN": END
```

Und hier ist unsere Verbesserung:

```
150    GOTO 90
```

Das ist alles. Probiere es einmal aus!

Als nächstes hätten wir gerne, daß das Programm mehr als eine Rechenaufgabe anbietet. Sagen wir, wir möchten, daß es zehn verschiedene Fragen stellt. Wir könnten das erreichen, indem wir GOTOs und einen Zähler hinzufügen.

Überprüfen der Eingabe

Die Beispiele, die wir gerade untersucht haben, haben eine wichtige Regel für das Entwerfen von Programmen aufgezeigt: Wann immer du Daten über die Tastatur abfragst, darfst du nie annehmen, daß die Tastatureingabe richtig war. Ein Anwender kann immer – ob absichtlich oder zufällig – eine falsche Taste drücken. *Überprüfe immer die Eingabe*, um Fehler im Programm zu vermeiden.

Wenn die Informationen, die von der Tastatur eingegeben wurden, nicht richtig sind, gib eine höfliche Mitteilung aus und frage die Ein-

„Achte bitte auf meine Eingabe!"

gabe noch einmal ab. Wir werden in den meisten unserer Beispiele die Eingabe überprüfen. Wir wollen jetzt zwei vollständige Programme entwickeln, die Entscheidungen treffen.

Währungsumrechnung

In Kapitel 3 haben wir gelernt, wie wir DM in holländische Gulden umrechnen können. Hier ist ein Programm dafür:

```
10    REM***WAEHRUNGSUMRECHNUNG***
20    REM    ---WIR NEHMEN FOLGENDEN TAGESKURS AN:
30    REM    1 DM = 1.12 HOLL. GULDEN
40    REM
50    PRINT "ICH RECHNE DM IN HOLL. GULDEN UM"
60    PRINT "TIPPE 0 UM AUFZUHOEREN"
70    INPUT "WIEVIEL DM SOLL ICH UMRECHNEN"; DM
80    IF DM = 0 THEN 120
90    HOLLGU = DM * 1.12
100   PRINT DM; "DM SIND "; HOLLGU; "HOLL. GULDEN"
110   GOTO 70
120   END
```

Hier ist ein Beispiellauf:

```
ICH RECHNE DM IN HOLL. GULDEN UM
TIPPE 0 UM AUFZUHOEREN
WIEVIEL DM SOLL ICH UMRECHNEN? 320
   320 DM SIND 358.4 HOLL. GULDEN
WIEVIEL DM SOLL ICH UMRECHNEN? 20
   20 DM SIND 22.4 HOLL. GULDEN
WIEVIEL DM SOLL ICH UMRECHNEN? 0
```

Geburtstag

Hier ist ein weiteres Beispiel. Wir wollen unser früheres Programm verbessern, das dein Alter ausgerechnet hat. Du gibst das heutige Datum und den Tag, den Monat und das Jahr deiner Geburt an. Das Programm sagt dir dein genaues Alter.

Hier ist das Programm:

```
10     REM***BERECHNUNG DES ALTERS***
20     INPUT"WIE HEISST DU MIT VORNAMEN"; VOR$
30     PRINT "HALLO "; VOR$; "ICH WERDE DEIN ALTER
           AUSRECHNEN"
40     PRINT "WELCHES DATUM HABEN WIR HEUTE?(TT/MM/JJ)"
50     INPUT "TAG: "; TT
60     IF (TT <1 OR TT >31) THEN 50
70     INPUT "MONAT (1 BIS 12) : "; MM
80     IF (MM <1 OR MM >12) THEN 70
90     INPUT "JAHR (2 STELLEN): "; JJ
100    IF (JJ <0 OR JJ >99) THEN 90
110                                                     REM
120    PRINT "GIB MIR JETZT DEIN GEBURTSDATUM"
130    INPUT "TAG: "; TGEBOREN
140    IF (TGEBOREN <1 OR TGEBOREN >31) THEN 130
150    INPUT "MONAT (1 BIS 12) : "; MGEBOREN
160    IF (MGEBOREN <1 OR MGEBOREN >12) THEN 150
170    INPUT "JAHR(2 STELLEN): "; JGEBOREN
180    IF (JGEBOREN <0 OR JGEBOREN >99) THEN 170
190                                                     REM
200    REM-----BERECHNUNG DES ALTERS-----
210    IF MGEBOREN <MM THEN 270
220    IF MGEBOREN >MM THEN 320
230    REM-----HAT DIESEN MONAT GEBURTSTAG-----
240    IF TGEBOREN <TT THEN 270
250    IF TGEBOREN >TT THEN 320
260    PRINT "DU HAST HEUTE GEBURTSTAG.
           HERZLICHEN GLUECKWUNSCH!"
270    ALTER = JJ-JGEBOREN
280    PRINT "DU BIST "; ALTER; " JAHRE ALT"
290    END
300                                                     REM
310    REM HATTE NOCH NICHT IN DIESEM JAHR GEBURTSTAG
320    ALTER = JJ-JGEBOREN-1
330    GOTO 280
340    END
```

(**Achtung:** Falls dein BASIC-Interpreter keine Schlüsselwörter wie OR in Variablennamen mag, so ersetze GEBOREN durch GEBURT.)

Trotz seiner Länge ist das Programm ganz einfach. Beachte, wie wir jede Eingabe überprüfen.

Um das Programm kurz zu halten, ist jedoch unser Überprüfung recht grob. Wir überprüfen nicht, ob jede Zahl eine ganze Zahl ist. Genauso wenig überprüfen wir die Anzahl der Tage in jedem Monat. Dies verbleibt als Übung für den sorgfältigen (und geduldigen) Leser.

Hier ist eine Möglichkeit, wie du überprüfen könntest, ob MM eine ganze Zahl zwischen 1 und 12 ist:

IF NOT (MM = 1 OR MM = 2 OR...MM = 12) THEN 70

Zusammenfassung

Wir haben gelernt, wie wir mit Hilfe von IF- und GOTO-Anweisungen Programme schreiben können, die Werte testen und Entscheidungen treffen. Wir haben ebenfalls gelernt, wie wir Programmschleifen ausführen können, so daß ein Teil eines Programms beliebig oft wiederholt werden kann. Außerdem haben wir gelernt, Eingaben über die Tastatur systematisch durchzusehen und zu prüfen. Wir haben jetzt alle grundlegenden Fähigkeiten erworben, die erforderlich sind, um alltägliche Programme zu schreiben, und wir haben auch verschiedene, sinnvolle Beispiele untersucht. Wir werden jetzt unsere Programme so erstellen, daß sie leichter von der Hand gehen.

Weil Schleifen und selbständige Wiederholungen in Programmen so häufig vorkommen und so wichtig sind, bietet BASIC zusätzliche Vereinfachungen in Form von zusätzlichen Anweisungen. Wir werden diese Vereinfachungen im nächsten Kapitel erörtern.

Übungen

6-1: Wozu dient die IF-Anweisung?

6-2: Welche Wirkung hat das folgende?

```
10   INPUT EINGABE$
20   IF (EINGABE$ = "JA") THEN PRINT "DANKE"
30   IF (EINGABE$ = "NEIN") THEN PRINT "SCHADE"
40   PRINT "JA ODER NEIN" : GOTO 10
```

Wenn das Ergebnis des obigen Programms unlogisch ist, schlage ein besseres Programm vor.

6-3: Sind die folgenden logischen Ausdrücke zulässig?

    a. A = 4
    b. B = D OR C = 3
    c. A > 5
    d. 5 > A
    e. 1 > 2
    f. SUMME > ZAHL
    g. BUCHSTABE$ = "A"

6-4: Ist das folgende zulässig?

    10   IF A = 5 THEN IF B = 2 THEN 18

6-5: Was ist eine Programmschleife?

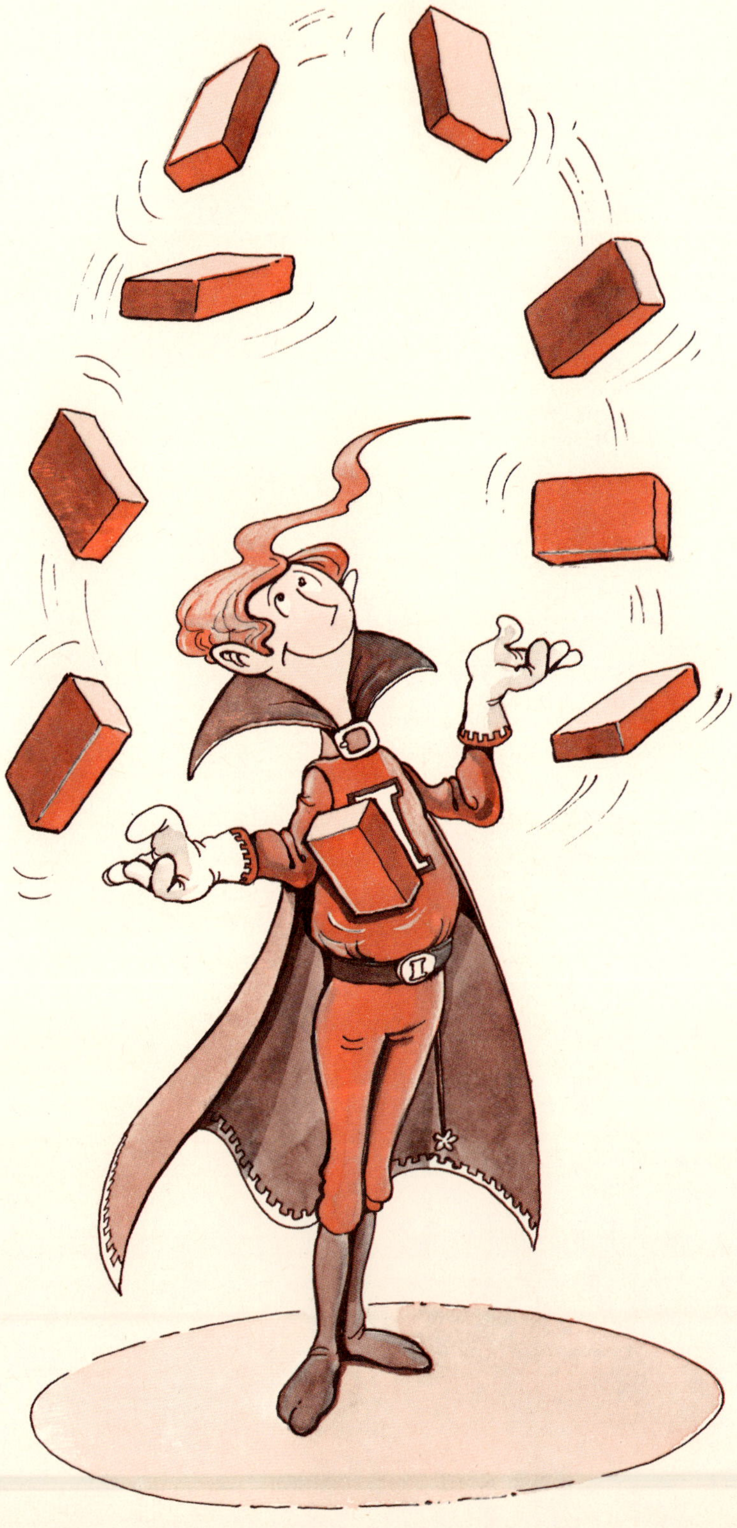

Wir machen manches mehrmals

7

Mit Hilfe der IF- und GOTO-Anweisungen können wir einen Programmteil wiederholt ausführen. Der entsprechende Programmteil heißt Schleife. Die meisten Programme verwenden Schleifen. In diesem Kapitel werden wir bessere Methoden kennenlernen, um Schleifen zu bilden. Wir werden außerdem pfiffige Programme entwickeln, die selbständig Arbeiten verrichten. Wir beginnen dieses Kapitel mit einem Rückblick auf das IF/GOTO-Verfahren zur Erzeugung von Schleifen. Dann stellen wir die FOR...NEXT-Anweisung vor, die das Bilden von Schleifen vereinfacht. Wir werden diese wichtige Anweisung ausgiebig in unseren Programmen benutzen.

Das IF/GOTO-Verfahren

Wir beginnen dieses Kapitel, indem wir ein Programm untersuchen, das selbständig mit Hilfe des IF/GOTO-Verfahrens eine Schleife durchläuft. Während wir das Programm untersuchen, werden wir auf bestimmte Dinge hinweisen, die alle Schleifen gemeinsam haben. Beispielsweise werden wir wir lernen, Zählvariablen zu benutzen, sie zu erhöhen, sie auf einen Anfangswert zu setzen und sie vor Schleifenende zu testen. Hier ist das Programm. Es berechnet die Summe der ersten zehn ganzen Zahlen:

```
1    REM***SUMME DER ERSTEN 10 GANZEN ZAHLEN***
10   SUMME=0
20   I=1
30   SUMME=SUMME+1
40   I=I+1
50   IF I=11 THEN 70
60   GOTO 30
70   PRINT "DIE SUMME DER ERSTEN 10 GANZEN ZAHLEN
         IST: "; SUMME
80   END
```

Zwei Variablen werden in diesem Programm benutzt: SUMME und I. Die Variable SUMME enthält die Summe der ersten zehn ganzen Zahlen, so wie wir sie addieren — das entspricht der Zwischensumme auf einem Taschenrechner. I ist die ganze Zahl, die gerade zu SUMME hinzuaddiert wird.

Erinnere dich, daß eine Variable erst einen Wert haben muß, bevor sie benutzt werden kann. Deshalb müssen wir SUMME und I auf ei-

„Wie wär's mit was Schwierigerem?"

nen *Anfangswert* (0 bzw. 1) setzen, bevor wir sie in einer Formel benutzen. Das wird mit den Anweisungen 10 und 20 erledigt. Mit diesen Anweisungen werden die *Startwerte* festgelegt.

Die nächste Anweisung lautet:

   30   SUMME = SUMME + I

Diese Anweisung addiert den laufenden Wert von I zum laufenden Wert von SUMME. Wenn diese Anweisung zum ersten Mal ausgeführt wird, hat SUMME den Wert 0 und I den Wert 1. Als Resultat wird der Variablen SUMME der Wert 0 + 1 = 1 zugewiesen. Nach der Ausführung dieser Anweisung hat SUMME den Wert 1.

Die nächste Anweisung lautet:

   40   I = I + 1

Der laufende Wert von I ist 1. Als Resultat dieser Anweisung erhält I den neuen Wert 2. Das ist das Zählverfahren: I wird um eins erhöht, um die nächste ganze Zahl zu erhalten. Gleichzeitig gibt der Wert von I an, wie viele ganze Zahlen bisher addiert worden sind. Mit anderen Worten, I wird als laufende ganze Zahl und als Zählvariable benutzt.

Alles, was wir noch tun müssen, ist also, zurück zu Zeile 30 zu gehen, um weiter ganze Zahlen aufzuaddieren:

   50   GOTO 30

Falsch. Dieses Programm würde (Theoretisch) niemals aufhören (in Wirklichkeit würde es stehenbleiben, wenn der Wert von SUMME größer wird als die maximale vom Interpreter zugelassene Zahl). Das ist nicht das, was wir wollen. Wir möchten, daß das Programm anhält, nachdem es die Schleife zehnmal ausgeführt hat. Wir müssen eine *Testanweisung* einführen. Hier ist sie:

   50   IF I = 11 THEN 70

Wenn I den Wert 11 erreicht hat, wird Zeile 70 ausgeführt, und das Programm bleibt stehen. Das wird *„aus einer Schleife herausspringen"* genannt.

Überprüfen wir doch jetzt, ob der Wert 11 (anstatt 10) in Zeile 50 tatsächlich richtig ist. Wenn wir schreiben:

   50   IF I = 10 THEN 70

funktioniert es nicht. Wenn I den Wert 10 erreicht hat, enthält SUMME nur die Summe von 1 und 9. Die Schleife sollte noch einmal durchlaufen werden.

Denke daran, daß jede Schleife eine Zählvariable enthält. Du solltest dir immer sorgfältig den Wert der Zählvariablen ansehen, bei dem das Programm aus der Schleife herausspringt. In unserem Beispiel wird die Schleife noch einmal durchlaufen, solange I nicht gleich 11 ist:

   60   GOTO 30

Wenn I den Wert 11 erreicht, sind die ersten zehn ganzen Zahlen aufaddiert. Das liegt daran, daß in unserem Programm die Addition

„Kennst du mich noch?"

„Du entwischst mir nicht!"

(SUMME = SUMME + I) vor der Erhöhung (I = I + 1) stattfindet. Die letzten beiden Befehle bilden den *Ausgang* der Schleife.

```
70   PRINT "DIE SUMME DER ERSTEN 10 GANZEN
        ZAHLEN IST: "; SUMME
80   END
```

Hier ist ein Beispiellauf dieses Programms:

```
DIE SUMME DER ERSTEN 10 GANZEN ZAHLEN IST : 55
```

Die Darstellung in Bild 7.1 zeigt den Ablauf des Programms. Die Zahlen in Klammern sind Zeilennummern.

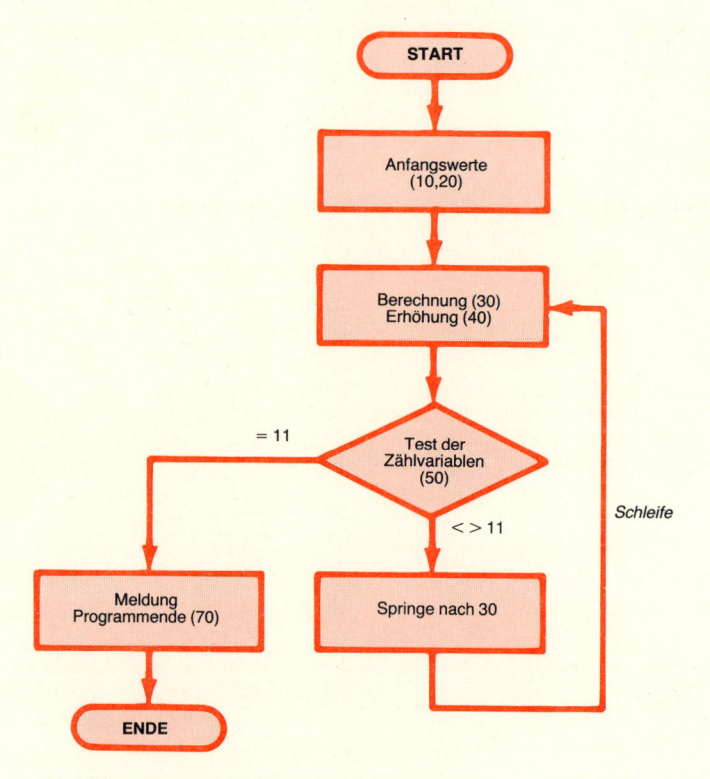

Abb. 7.1: Flußdiagramm zum Summieren ganzer Zahlen

Dieses Diagramm wird *Flußdiagramm* genannt. Wir werden Flußdiagramme in allen Einzelheiten in Kapitel 8 behandeln. Bis dahin beachte nur den allgemeinen Aufbau des Programms: Anfangswerte setzen, Berechnungen und Erhöhungen der Zählvariablen durchführen, testen und aus der Schleife herausspringen. Alle Programmteile mit Schleifen laufen in dieser Form ab.

Veränderungen

Jetzt spielen wir ein bißchen mit unserem Ganzzahl-Additionsprogramm und schärfen unseren Programmierverstand. Wir werden einige Alternativen vorführen, die du benutzen kannst, um Programme zu schreiben. Beispielsweise hätten wir in Zeile 50 schreiben können:

    50   IF I > 10 THEN 70

und das Ergebnis wäre das gleiche gewesen (wenn I den Wert 11 erreicht, ist es größer als 10). Außerdem hätten wir schreiben können:

    40   IF I = 10 THEN 70
    50   I = I + 1

anstelle von

    40   I = I + 1
    50   IF I = 11 THEN 70

Durch diese Änderung wird I zuerst getestet und dann erhöht. Beachte, daß dieses Mal I auf den Wert 10 (anstatt 11) getestet wird. Wir hätten auch schreiben können:

    50   IF I < 11 THEN 30
    60   REM

Du kannst überprüfen, ob diese Versionen tatsächlich richtig sind. All diese verschiedenen Fassungen sind zulässig und gleichwertig. Sogar ein so kurzes Programm wie dieses Additionsprogramm kann auf viele gleichwertige Arten geschrieben werden. Es gibt nicht nur eine einzige Art, ein Programm zu schreiben. Das gleiche gilt für die gesprochene Sprache, in der du den gleichen Gedanken auf viele verschiedene Arten ausdrücken kannst.

Dieses kurze Programm hat den Gebrauch von Schleifen und Zählvariablen veranschaulicht. Wir haben außerdem die typischen Abschnitte untersucht, die mit einem solchen Programm verbunden sind: Anfangswerte setzen, Berechnung, Erhöhen der Zählvariablen, Test und Herausspringen aus der Schleife. In Anbetracht der häufigen Verwendung von Schleifen in Programmen sieht BASIC einen speziellen Befehl vor, der diese Verwendung einfacher macht. Das ist der FOR...NEXT-Befehl.

Der FOR...NEXT-Befehl

Der FOR...NEXT-Befehl macht viel von der Programmierarbeit selbst, die für eine Schleife erforderlich ist. Wir werden seine Anwendung und Funktion anhand von praktischen Beispielen untersuchen.

Hier ist eine Möglichkeit, wie wir mit Hilfe dieses neuen Befehls unser Additionsprogramm neu schreiben können:

```
1    REM***GANZZAHL-ADDITIONSPROGRAMM –
     VERSION 2***
10   SUMME=0
20   FOR I=1 TO 10
30   SUMME=SUMME+I
40   NEXT I
50   PRINT "DIE SUMME DER ERSTEN 10 GANZEN
     ZAHLEN IST: "; SUMME
60   END
```

Beachte, daß dieses Programm zwei Befehle weniger hat als das erste Programm. Es ist kürzer und besser zu lesen. Untersuchen wir es einmal in allen Einzelheiten. Der erste ausführbare Befehl setzt SUMME auf den Anfangswert Null:

    10   SUMME = 0

Der zweite Befehl ist der FOR-Befehl:

    20   FOR I = 1 TO 10

Diese Anweisung hat verschiedene Aufgaben:

▶ Sie markiert den Anfang der automatischen Schleife. (Das ist dort, wo die Schleife anfängt.)

▶ Sie gibt an, daß I (die Zählvariable) mit dem Anfangswert 1 startet, wenn dieser Befehl zum ersten Mal ausgeführt wird. Deshalb brauchst Du keinen Befehl, um I auf einen Anfangswert zu setzen.

▶ I wird jedesmal um 1 erhöht (bis zu dem maximalen Wert von 10), wenn der Befehl durch den zugehörigen NEXT-Befehl neu ausgeführt wird. Es wird ein automatischer Test durchgeführt, und wenn I den Wert von 10 überschreitet, wird die Schleife nicht mehr länger durchlaufen, sondern stattdessen wird der Befehl ausgeführt, der dem NEXT folgt. (Das ist der Schleifenausgang.)

Der Kern der Schleife enthält lediglich die Summenbildung:

    30   SUMME = SUMME + I

Der NEXT-Befehl

    40   NEXT I

markiert das Ende der Schleife und veranlaßt das erneute Ausführen des FOR. Dies ersetzt die beiden Befehle der vorherigen Version:

    40   I = I + 1
    60   GOTO 30

Jedesmal wenn NEXT I ausgeführt wird, springt das Programm zum Anfang der Schleife, d. h. zu dem FOR-Befehl. Wenn FOR ausgeführt wird,

▶ wird I um 1 erhöht

▶ wird der neue Wert von I automatisch mit 10 verglichen.

Solange I den Wert 10 nicht überschreitet, geht die Ausführung weiter. Das Durchlaufen der Schleife hört auf, wenn I = 10 ist und das NEXT erreicht ist. An dieser Stelle springt das Programm aus der Schleife, und Befehl 50 (hinter dem NEXT) wird ausgeführt. Diese Folge wird in Abb. 7.2 (in einem Flußdiagramm) veranschaulicht.

Abb. 7.2 zeigt, daß das FOR selbständig drei Arbeiten verrichtet:

▶ Es setzt die Zählvariable auf einen Anfangswert (I erhält den Anfangswert 1)

▶ Es erhöht die Zählvariable (I wird jedesmal um 1 erhöht)

▶ Es testet die Zählvariable auf einen maximalen Wert (I wird mit 10 verglichen).

Der NEXT-Befehl markiert einfach nur das Ende der Schleife und verursacht einen „GOTO FOR"-Befehl. Nachdem du den FOR-Befehl ein paarmal benutzt hast, wirst du zu schätzen wissen, wie

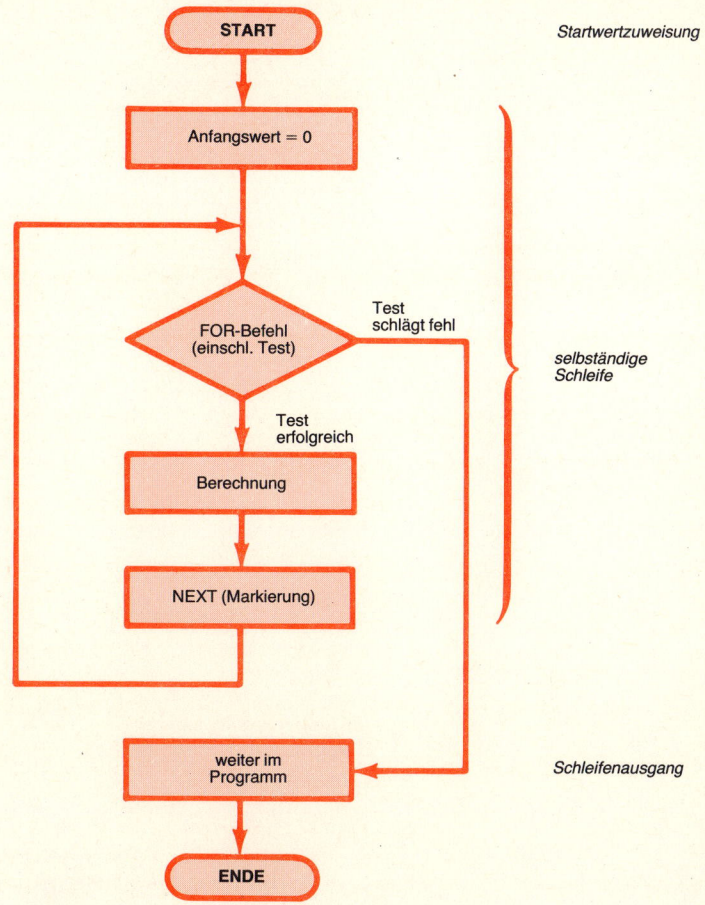

```
                START
                  │
                  ▼
          ┌───────────────┐              Startwertzuweisung
          │ Anfangswert = 0│
          └───────────────┘
                  │
     ┌────────────┤
     │            ▼
     │         ◇─────◇       Test
     │        FOR-Befehl    schlägt fehl
     │       (einschl. Test)─────────┐
     │         ◇─────◇               │    selbständige
     │            │                  │    Schleife
     │            ▼ Test erfolgreich │
     │     ┌───────────┐             │
     │     │ Berechnung│             │
     │     └───────────┘             │
     │            │                  │
     │            ▼                  │
     │     ┌──────────────┐          │
     │     │NEXT(Markierung)│        │
     │     └──────────────┘          │
     └────────────┘                  │
                                     │
          ┌───────────┐◄─────────────┘   Schleifenausgang
          │ weiter im │
          │ Programm  │
          └───────────┘
                │
                ▼
              ENDE
```

Abb. 7.2: Selbständige Schleifendurchläufe mit FOR...NEXT

sehr er den Schleifenentwurf vereinfacht und wie übersichtlich er das Programm hält.

FOR...NEXT ist ein Befehl, der dir Arbeit abnimmt. Du mußt ihn nicht benutzen, aber du wirst ihn wahrscheinlich sehr nützlich finden. Im allgemeinen gilt: Je klarer das Programm, desto geringer ist das Risiko von Fehlern. Wir werden jetzt praktische Beispiele geben, um die Benutzung des FOR...NEXT-Befehls und die Verwendung von automatischen Schleifen zu illustrieren.

Summe der ersten N ganzen Zahlen

Wir wollen die Summe der ersten N ganzen Zahlen berechnen. Dieses Mal gibst du den Wert von N über die Tastatur ein.

Hier ist das Programm:

```
10  REM*SUMME DER ERSTEN N GANZEN ZAHLEN*
20  SUMME=0
30  INPUT "ICH ADDIERE DIE ERSTEN N GANZEN ZAHLEN.
      'TIPPE N:"; N
40  FOR I=1 TO N
50  SUMME=SUMME+I
60  NEXT I
70  PRINT "DIE SUMME DER ERSTEN "; N; "GANZEN ZAHLEN
      IST "; SUMME
80  END
```

Hier ist ein Beispiellauf:

> ICH ADDIERE DIE ERSTEN N GANZEN ZAHLEN. TIPPE N: ?5
> DIE SUMME DER ERSTEN 5 GANZEN ZAHLEN IST 15

Du solltest das Programm ohne weiteres verstehen. Dieses Mal durchlaufen wir die Schleife von 1 bis N, wobei N von der Tastatur eingegeben wird (Befehl 30). Du kannst das Programm verbessern, indem du die Eingabe überprüfst: N sollte größer als 1 sein. Der BASIC-Interpreter sieht von selbst nach, ob N eine ganze Zahl ist, wenn er den FOR-Befehl ausführt. Versuche doch einmal, ihn hereinzulegen.

Wertetabellen

Mit Hilfe des sehr leistungsfähigen FOR…NEXT-Befehls werden wir zeigen, wie einfach es ist, Berechnungen automatisch auszuführen und Wertetabellen zu drucken. Hier ist eine Tabelle mit Quadraten (eine Zahl, multipliziert mit sich selbst) und Kubikzahlen (eine Zahl, multipliziert mit sich selbst und dann noch einmal):

```
10   REM TABELLE MIT QUADRAT- UND KUBIKZAHLEN
20   REM FUER DIE ERSTEN 10 GANZEN ZAHLEN
30   FOR I = 1 TO 10
40   PRINT I, I^2, I^3
50   NEXT I
60   END
```

Hier ist das Ergebnis:

1	1	1
2	4	8
3	9	27
4	16	64
5	25	125
6	36	216
7	49	343
8	64	512
9	81	729
10	100	1000

Schauen wir uns Befehl 40 einmal genauer an:

40   PRINT I, I^2, I^3

I^2 bedeutet I hoch 2, d.h. $I * I$. Wenn I beispielsweise gleich 2 ist, dann ist $I^2 = 2 * 2 = 4$. Genauso bedeutet I^3 I hoch 3, d.h. $I * I * I$. Wenn I=4 ist, dann ist $I^3 = I * I * I = 4 * 4 * 4 = 64$.

Beachte, daß wir dieses Mal ein Komma zusammen mit dem PRINT-Befehl benutzt haben, so daß die Ergebnisse exakt untereinander stehen. Das Komma bewirkt einen automatischen Abstand (*Tabulation*) in einer Zeile. Der genaue Zwischenraum zwischen den Spalten hängt von deinem BASIC-Interpreter ab. Beispielsweise könnte er aus 14 Zeichen bestehen.

Als Übung könntest du das Programm neu schreiben, um die Summe der Quadrat- und Kubikzahlen der ersten N ganzen Zahlen anzuzeigen, wobei N von der Tastatur gelesen wird. Wir haben das im vorherigen Abschnitt kennengelernt.

Zeilen mit Sternen

Hier ist ein einfaches Programm, das N Zeilen mit Sternen druckt, wobei N eine Zahl ist, die du über die Tastatur eingibst:

```
10   REM*ZEILEN MIT STERNEN*
20   PRINT "ICH WERDE ZEICHEN MIT STERNEN ANZEIGEN"
30   INPUT "SAG MIR, WIEVIELE ZEILEN: "; N
40   REM N IST DIE ANZAHL DER ANZUZEIGENDEN ZEILEN
50   FOR I=1 TO N
60   PRINT "********************"
70   NEXT I
80   END
```

Und hier ist ein Beispiellauf dieses Programms:

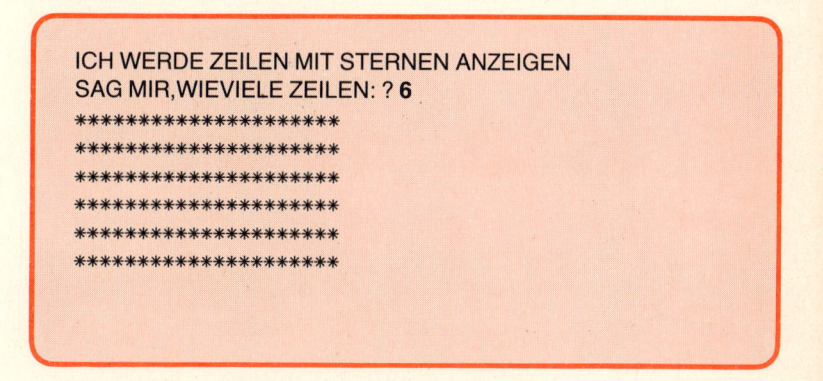

```
ICH WERDE ZEILEN MIT STERNEN ANZEIGEN
SAG MIR, WIEVIELE ZEILEN: ? 6
********************
********************
********************
********************
********************
********************
```

Noch einmal: Jedesmal, wenn der Anwender eine Eingabe macht, ist es eine gute Idee, die Eingabe zu überprüfen, um seltsames Programmverhalten zu vermeiden. Wir erwarten, daß derjenige, der das Programm benutzt, eine positive Zahl eingibt. Nehmen wir an, du möchtest nicht mehr als 20 Zeilen mit Sternen. Du würdest dies dem Anwender mit einem entsprechenden PRINT-Befehl sagen und einen Überprüfungsbefehl wie folgt verwenden:

```
IF (N<1) OR (N>20) GOTO 20
```

Fortgeschrittene Schleifenkonstruktionen

Der FOR...NEXT-Befehl bietet zwei fortgeschrittene Möglichkeiten, die wir bisher noch nicht beschrieben haben:

▶ Du kannst die Zählvariable um jede beliebige ganze Zahl erhöhen, wie etwa 2, 3, 4 oder sogar −1 (anstatt sie nur um 1 zu erhöhen). So etwas wird *variable Schrittweite* genannt.

▶ Du kannst eine Schleife innerhalb einer Schleife erzeugen. Solche Schleifen heißen *verschachtelte Schleifen*.

Wir wollen jetzt diese beiden Möglichkeiten untersuchen.

Sei vorsichtig mit Schleifen!

Variable Schrittweite

Hier ist ein Beispiel für variable Schrittweite:

    FOR I = 1 TO 5 STEP 2

Jedesmal, wenn die Schleife neu durchlaufen wird, wird I um 2 erhöht. Du könntest sogar schreiben:

    FOR I = 10 TO −5 STEP −1

und eine *negative Schrittweite* benutzen. Weil die obere Grenze für die Zählvariable (hier −5) kleiner ist als der Startwert (10), ist dies ein „negativer Schritt" für den Interpreter. Der Wert von I wird jedesmal um 1 verringert. Der erste Wert von I ist 10. Der nächste ist 9, 8 usw. Der letzte Wert ist −5. Mit anderen Worten, I wird folgende Werte annehmen: 10, 9, 8, 7, 6, 5, 4, 3, 2, 1, 0, −1, −2, −3, −4, −5. Negative Schrittweiten sind eine andere bequeme Einrichtung, die du sicherlich gelegentlich benutzen möchtest.

Die Schleifenvariable kann auch große Sprünge machen

Verschachtelte Schleifen

Die verschachtelten Schleifen sind eine wichtige und wirksame Erleichterung, um komplizierte Verarbeitungen automatisch durchzuführen. Du bildest eine verschachtelte Schleife, wann immer du ein FOR...NEXT innerhalb einer Schleife benutzt.

Im allgemeinen kannst du beliebig viele Befehle zwischen dem FOR- und dem NEXT-Befehl benutzen. Insbesondere darfst du sogar eine andere Schleife innerhalb dieser Befehle einfügen. So etwas wird dann „verschachtelte Schleife" genannt. Dieser Begriff wird in Abb. 7.3 veranschaulicht.

Wenn du verschachtelte Schleifen benutzt, denke daran, daß das Programm schlechter lesbar wird. Um dem abzuhelfen, wirst du sehr darin bestärkt, die Technik des *Einrückens* zu verwenden.

Einrücken ist eine gute Möglichkeit, um ein Programm übersichtlich zu machen. Abb. 7.4 zeigt eine eingerückte Version des Programms aus Abb. 7.3.

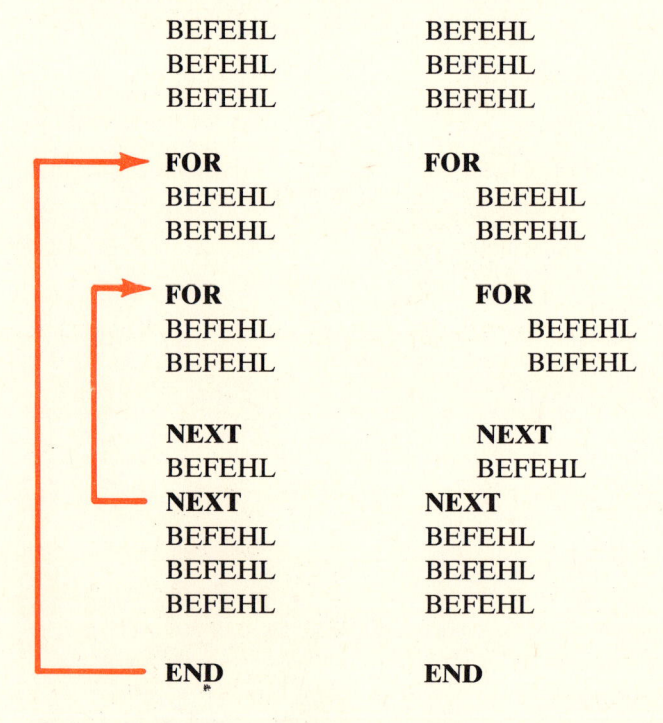

BEFEHL	BEFEHL
BEFEHL	BEFEHL
BEFEHL	BEFEHL
FOR	FOR
BEFEHL	BEFEHL
BEFEHL	BEFEHL
FOR	FOR
BEFEHL	BEFEHL
BEFEHL	BEFEHL
NEXT	NEXT
BEFEHL	BEFEHL
NEXT	NEXT
BEFEHL	BEFEHL
BEFEHL	BEFEHL
BEFEHL	BEFEHL
END	END

Abb. 7.3: Eine verschachtelte Schleife **Abb. 7.4:** Ein eingerücktes Programm

Du kannst Schleifen beliebig tief ineinander verschachteln, bis zu einer maximalen Tiefe, die von deinem Interpreter oder vom verfügbaren Speicherplatz abhängt. Du darfst jedoch Schleifen nicht überlappen. Die folgenden Schleifen sind zulässig:

Die folgenden sind nicht erlaubt:

Schleifen dürfen nicht überlappen!

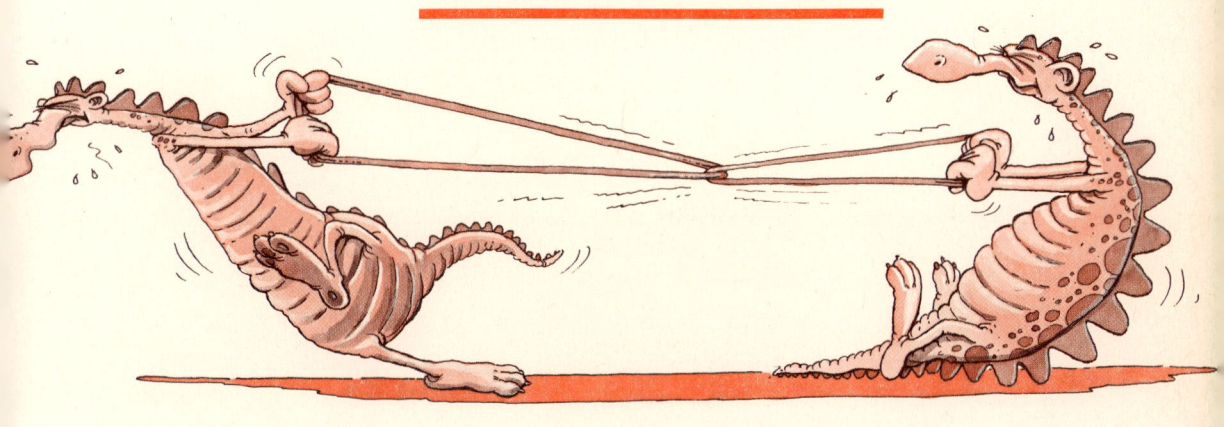

Außerdem darfst Du nicht von einem Punkt *innerhalb* der äußeren Schleife zu einem Punkt innerhalb der inneren Schleife springen (d. h. ein GOTO eingeben).

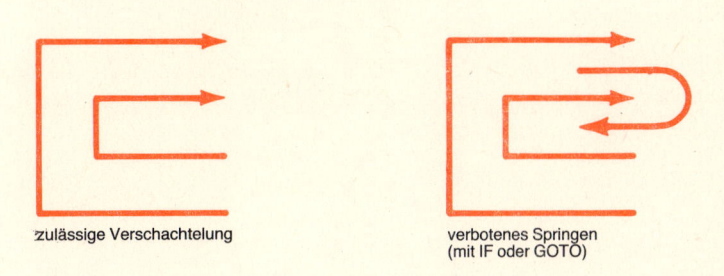

zulässige Verschachtelung

verbotenes Springen
(mit IF oder GOTO)

Du darfst jedoch aus einer inneren Schleife herausspringen:

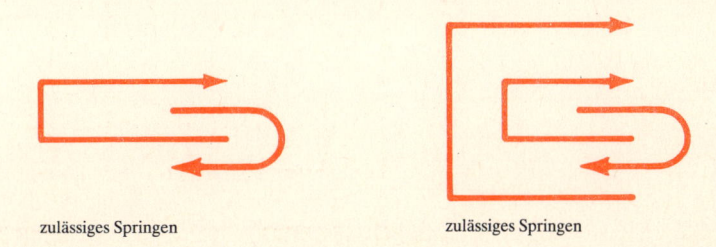

zulässiges Springen

zulässiges Springen

Hier ist ein Beispiel für eine verschachtelte Schleife. Dieses Programm zeigt im Sauseschritt Minuten und Stunden an:

```
10    REM***SIMULIERTE UHR***
20    FOR STUNDE=0 TO 23
30        FOR MINUTE=0 TO 59
40           PRINT "ES IST: "; STUNDE;
             " UHR UND "; MINUTE; "MINUTEN"
50        NEXT MINUTE
60    NEXT STUNDE
70    PRINT "ENDE DES TAGES"
80    END
```

Hier ist ein Teil des Programmlaufes:

```
ES IST: 0 UHR UND 0 MINUTEN
ES IST: 0 UHR UND 1 MINUTEN
ES IST: 0 UHR UND 2 MINUTEN
ES IST: 0 UHR UND 3 MINUTEN
ES IST: 0 UHR UND 4 MINUTEN
          .
          .
          .
ES IST: 0 UHR UND 59 MINUTEN
ES IST: 1 UHR UND 0 MINUTEN
```

Weitere Möglichkeiten

Noch eine letzte Anmerkung: Dezimale Werte und Ausdrücke sind im allgemeinen im FOR-Befehl erlaubt. Beispielsweise ist folgendes zulässig:

```
FOR LAENGE = 0.1 TO 13.5 STEP 0.2
FOR ZAHL = N TO (N*2) STEP 1
```

Derartige Schleifen sollten jedoch vermieden werden, da die Ergebnisse wegen der möglichen Rundungsfehler der eingebauten Gleitkommaarithmetik zu Überraschungen führen können.

Zusammenfassung

Schleifen werden ausgiebig benutzt, um Programmteile ständig zu wiederholen. Der FOR...NEXT-Befehl dient dazu, Schleifen automatisch auszuführen. In den meisten Fällen kann der FOR- ...NEXT-Befehl mehrere andere BASIC-Befehle ersetzen. In diesem Kapitel haben wir die typischen Anwendungen (einschließlich verschachtelter Schleifen) des FOR...NEXT-Befehls untersucht, und wir haben verschiedene fortgeschrittene Programme entwickelt. Nachdem du nun alle grundlegenden Programmiermethoden kennengelernt hast, bist du fast so weit, eigene Programme zu schreiben. Im nächsten Kapitel werden wir erklären, wie du damit anfangen kannst.

Übungen

7-1: Zeige die ersten 15 ganzen Zahlen in einer Zeile an (4 Befehle).

7-2: Schreibe ein Programm, das die Zeit in Stunden und Minuten von der Tastatur einliest und folgendes anzeigt:

        Eingabe: 3 (*Stunden*)   31 (*Minuten*)
        Anzeige: SSS   (*3 Stellen*)
                     MMM   (*3 Stellen*)
                     M   (*1 Stelle*)

(Hinweis: Du kannst ein PRINT BUCHSTABE$; mehrmals ausführen, um verschiedene Zeichen zu drucken.)

7-3: Was ist eine Zählvariable in einer Schleife?

7-4: Kannst du in die Mitte einer Schleife springen?

7-5: Gib eine Tabelle aus, die DM (von 1 DM bis 10 DM) in französische Franc (FF) umrechnet. (Nimm dabei an: 1 DM = 2.56 FF)

7-6: Berechne die Summe der ersten N ungeraden ganzen Zahlen und zeige jede Zwischensumme an. (N wird von der Tastatur eingegeben.)

7-7: Lies die Noten von fünf Schülern ein, die jeweils vier Klassenarbeiten geschrieben haben (Noten von 1 bis 6 zulässig). Zeige die Noten, den Durchschnitt jedes Schülers und den Klassendurchschnitt für jede Arbeit an.

7-8: Gib eine Tabelle mit Mehrwertsteuern aus für Preise von 1 DM bis 10 DM in 1-DM-Schritten. Übernimm den Mehrwertsteuersatz von der Tastatur.

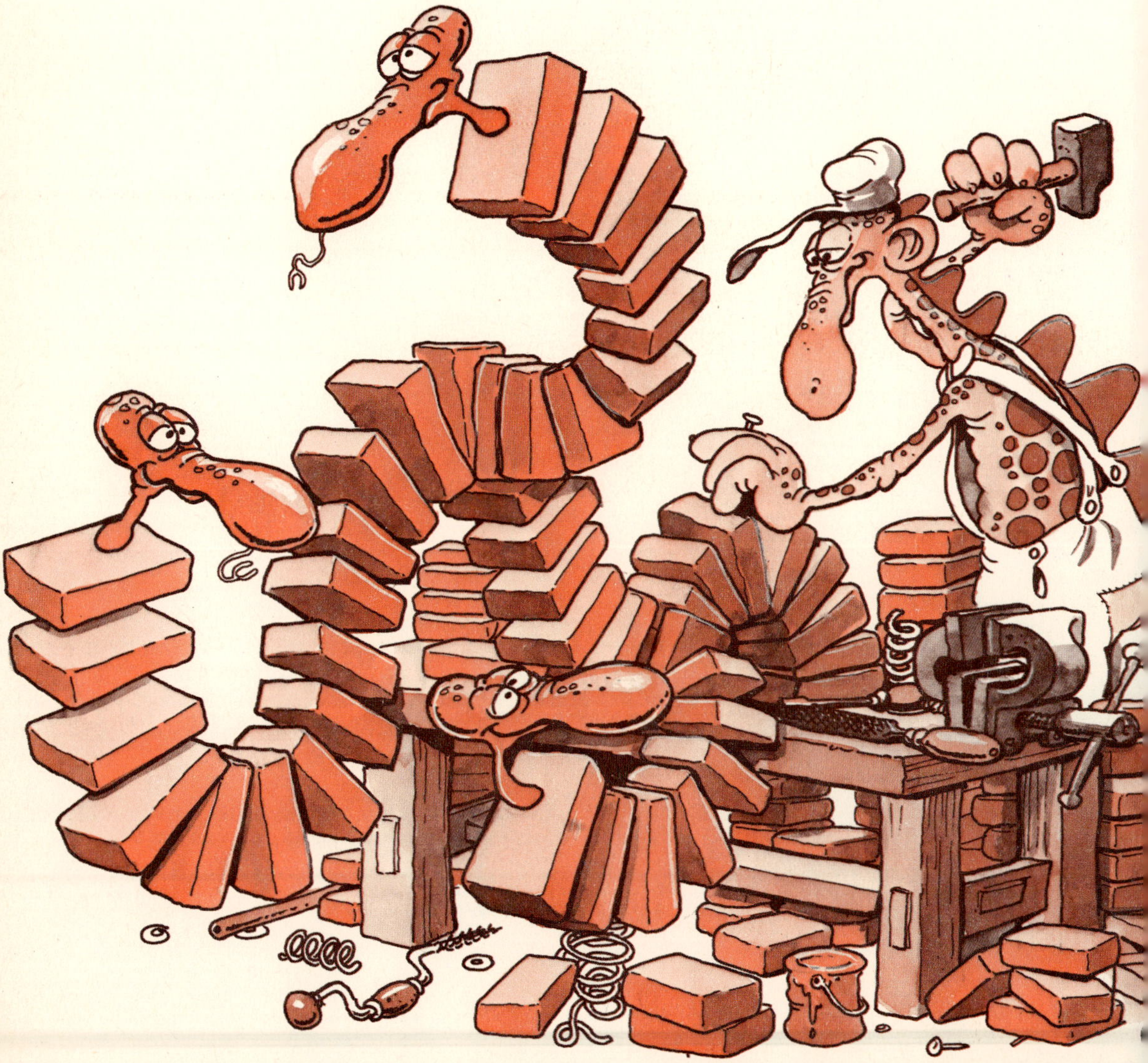

Wir erstellen ein Programm

8

Programmieren bedeutet, ein Programm zu entwerfen, das selbständig eine Arbeit verrichtet. Bisher haben wir verschiedene kurze Programme geschrieben. Ohne irgendwelche Zwischenschritte haben wir direkt eine Folge von BASIC-Befehlen geschrieben. Dieses Verfahren ist hervorragend geeignet für sehr einfache Programme, aber bei komplizierteren funktioniert es nicht so gut.

In diesem Kapitel lernen wir nach einem Fünf-Punkte-Plan den richtigen Weg kennen, um ein Programm zu erstellen:

1. Gib die Folge von Schritten an, die nötig ist, um das Problem zu lösen. Dies nennt man: Entwerfen eines *Algorithmus*.
2. Zeichne ein Diagramm, das die Reihenfolge der Ereignisse und die logischen Schritte darstellt. So etwas wird „ein *Flußdiagramm* zeichnen" genannt.
3. Schreibe das Programm in BASIC. Das wird „*Kodieren*" genannt.
4. Überprüfe und teste das Programm, was kurz „*Fehlersuche*" genannt wird.
5. Mache das Programm übersichtlich und dokumentiere es. Dieser Schritt heißt „*dokumentieren*".

Bisher haben wir nur die Schritte 2 bis 5 kennengelernt und eingeübt. Diese Folge funktioniert aber nur für kurze Programme. Bevor wir uns langen Programmen zuwenden, wollen wir uns zunächst mit allen Schritten der Programmentwicklung befassen.

Entwurf eines Algorithmus

Unsere bisherigen Programme hatten nur einfache Probleme zu lösen. Die dazu erforderlichen Schritte lagen immer so klar auf der Hand, daß wir fast ohne Entwurf zurecht kamen.

Nun möchten wir ein Programm entwerfen, das ein umfangreicheres Problem knacken oder eine Arbeit selbständig erledigen soll. Hierzu müssen wir zuerst die Lösungsmöglichkeiten und den Lösungsweg planen, um diesen als Folge von einzelnen Schritten, genannt *Algorithmus*, dem Computer einzugeben.

Ein Algorithmus beschreibt also Schritt für Schritt den Lösungsweg eines Problems. Nicht vergessen dürfen wir, den Algorithmus enden zu lassen. Sonst führt er nicht zur Lösung des Problems, sondern zu einem *Fehler*!

Hier ist ein einfaches Beispiel: Wir wollen die Mehrwertsteuer für einen bestimmten Betrag ausrechnen. Die Lösung ist klar: Da der Mehrwertsteuersatz 14% beträgt, müssen wir den Betrag mit 14/100 multiplizieren. Dies ist ein einfacher Algorithmus mit einem Schritt.

Untersuchen wir jetzt ein etwas schwierigeres Problem. Wir wollen eine Zahl von der Tastatur einlesen und feststellen, ob sie innerhalb eines bestimmten Bereichs liegt. Wir lassen die Zahl als gültig zu, wenn sie in den Bereich zwischen 0 und 100 fällt. Wir lösen diese Aufgabe in drei Schritten:

1. Lies die Zahl.
2. Überprüfe, ob sie größer als Null ist. Wenn ja, mache weiter; wenn nein, weise die Zahl zurück.
3. Überprüfe, ob sie kleiner als 100 ist. Wenn ja, nimm die Zahl an; wenn nein, weise die Zahl zurück.

Das ist ein Algorithmus mit drei Schritten.

In der Praxis sind die meisten Probleme viel komplizierter, und ihre Lösungen erfordern längere und anspruchsvollere Algorithmen. Hier sind verschiedene Alltagsbeispiele für Algorithmen. Du könntest noch einige mehr in deinem Kochbuch oder in deiner Modellbauanleitung finden.

Untersuchen wir jetzt den Algorithmus, um ein Drei-Minuten-Ei zu kochen. Hier sind die einzelnen Schritte:

1. Nimm einen Topf.
2. Fülle ihn mit Wasser.
3. Schalte den Herd ein.
4. Stelle den Topf mit Wasser auf den Herd.
5. Bringe das Wasser zum Kochen.
6. Lege ein Ei in das kochende Wasser.
7. Stelle die Eieruhr auf drei Minuten.
8. Wenn die Eieruhr klingelt, nimm das Ei heraus.
9. Schalte den Herd aus.

„Ich führe jetzt den Drei-Minuten-Ei-Algorithmus vor!"

Dieser Algorithmus sieht eindeutig aus. Sollte dein Programm aber z.B. einen Roboter steuern, dann reichen die Angaben nicht aus. Der Roboter müßte beispielsweise noch wissen, welchen Topf er benutzen und wieviel Wasser er in den Topf füllen soll.

Viele Algorithmen, die üblicherweise in den Büchern dargestellt werden, gehen davon aus, daß der Anwender einen bestimmten kulturellen oder technischen Hintergrund besitzt. Sie sind deshalb im allgemeinen unvollständig. Mit anderen Worten, sie gehen davon aus, daß der Anwender die leeren Stellen füllen kann. Das ist genau der Grund, weshalb so viele Anleitungsbücher leider so schlecht zu verstehen sind.

Wir werden hier nicht den gleichen Fehler begehen. Unsere Algorithmen werden vollständig sein, damit sie zu brauchbaren Programmen führen.

Hier ist ein letztes Beispiel: ein Algorithmus, um ein Auto zu starten. Wenn wir annehmen, daß an dem Auto alles in Ordnung ist, ist der Algorithmus ganz einfach:

1. Stecke den Schlüssel in das Zündschloß.
2. Drehe den Schlüssel ganz nach rechts.
3. Laß den Schlüssel los, während du gleichzeitig leicht auf das Gaspedal drückst.

Wir wissen jedoch, daß das Auto möglicherweise nicht anspringt. Das liegt daran, daß andere Faktoren mitspielen, wie etwa Temperatur oder mechanischer Zustand des Motors. Um einen vollständigen Algorithmus für das Starten eines Autos unter allen Bedingungen aufzustellen, würden wir mehrere Seiten brauchen, wenn wir alles in Betracht ziehen würden, was schief gehen könnte.

Es ist schon interessant, einen Algorithmus zu haben, um das Auto zu starten.

Im täglichen Leben können wir oft die Schritte eines Algorithmus vereinfachen. In einem Computerprogramm ist das aber nicht erlaubt. Ein Algorithmus muß richtig und vollständig sein.

Wenn du einen Algorithmus für eine Computerlösung entwirfst, mußt du gründlich sein und jeden möglicherweise auftretenden Fall voraussehen. Sonst bleibt dein Programm eventuell stecken. Erfolgreiches Programmieren erfordert eine bestimmte innere Einstellung: Du mußt ständig alles in Frage stellen, was du tust, und immer annehmen, daß es falsch oder unvollständig ist.

Nimm niemals an, daß die Eingabe vernünftig ist. Sieh sie dir an und überprüfe sie. Gehe ständig von der Möglichkeit von Fehlern aus. Später in diesem Kapitel, wenn wir eine tatsächliche Fallstudie untersuchen, werden wir diese Überlegungen näher betrachten.

Fassen wir noch einmal zusammen: Der erste Schritt, ein Problem mit Hilfe eines Computerprogramms zu lösen, ist, einen Algorithmus aufzustellen. Der endgültige Algorithmus sollte vollständig sein, obwohl er das zu Anfang wohl kaum ist. In der Praxis wirst du wahrscheinlich zu Anfang eine ungefähre Lösung (d. h. einen groben Algorithmus) entwerfen und sie dann nach und nach verfeinern, bis sie einen Zustand erreicht hat, den du als perfekt betrachtest. Vergewissere dich immer, daß dein Algorithmus vollständig ist, bevor du mit dem eigentlichen Schreiben der Befehle anfängst.

*Aber denk' daran:
Der Algorithmus sollte
auch funktionieren!*

*Ich bin das
Flußdiagramm.
Ich will dir helfen.
Nutze diese Chance!*

Erstellen eines Flußdiagramms

So, jetzt haben wir den Algorithmus entworfen. Der Gedanke, der uns jetzt kommen könnte, ist: Übersetzen wir ihn doch direkt in ein BASIC-Programm und lassen wir es laufen. Falsch! Es gibt einen weiteren Schritt, der dir viele Stunden Programmierzeit ersparen kann: Er wird „Erstellen eines Flußdiagramms" genannt. Überspringst du diesen Schritt, riskierst du, daß dein Programm nicht läuft. Und hinterher verschwendest du wahrscheinlich viel Zeit, um das Programm zu korrigieren – ohne Erfolgsgarantie. Hast du dagegen ein gutes Flußdiagramm, ist das Schreiben des Programms ein Kinderspiel.

Ein Flußdiagramm ist einfach eine grafische Darstellung des Ablaufs von Ereignissen. In Abb. 8.1 siehst du ein Flußdiagramm mit den Schritten, die für das Kochen eines Drei-Minuten-Eis erforderlich sind. Wie du siehst, stellt das Flußdiagramm den Algorithmus grafisch dar, den wir schon vorgestellt haben. In diesem Fall steht jedes Rechteck in dem Flußdiagramm für einen Schritt des Algorithmus. Die Absicht eines Flußdiagramms ist es, die Folge der einzelnen Schritte im Ablauf der Zeit darzustellen. Später, wenn du mit Flußdiagrammen vertraut geworden bist, kannst du den Entwurf des Algorithmus überspringen und direkt mit dem Flußdiagramm anfangen, weil das Flußdiagramm nur eine andere Darstellung des Algorithmus ist.

In unserem Fall ist der Algorithmus so einfach, daß wir ruhig auf das Flußdiagramm verzichten können. Der wirkliche Wert eines Flußdiagramms wird erkennbar, wenn du anfängst, schwierigere Algorithmen zu entwerfen, die zahlreiche Auswahlmöglichkeiten und Entscheidungen beinhalten.

Abb. 8.1:
Ein 3-Minuten-Ei kochen

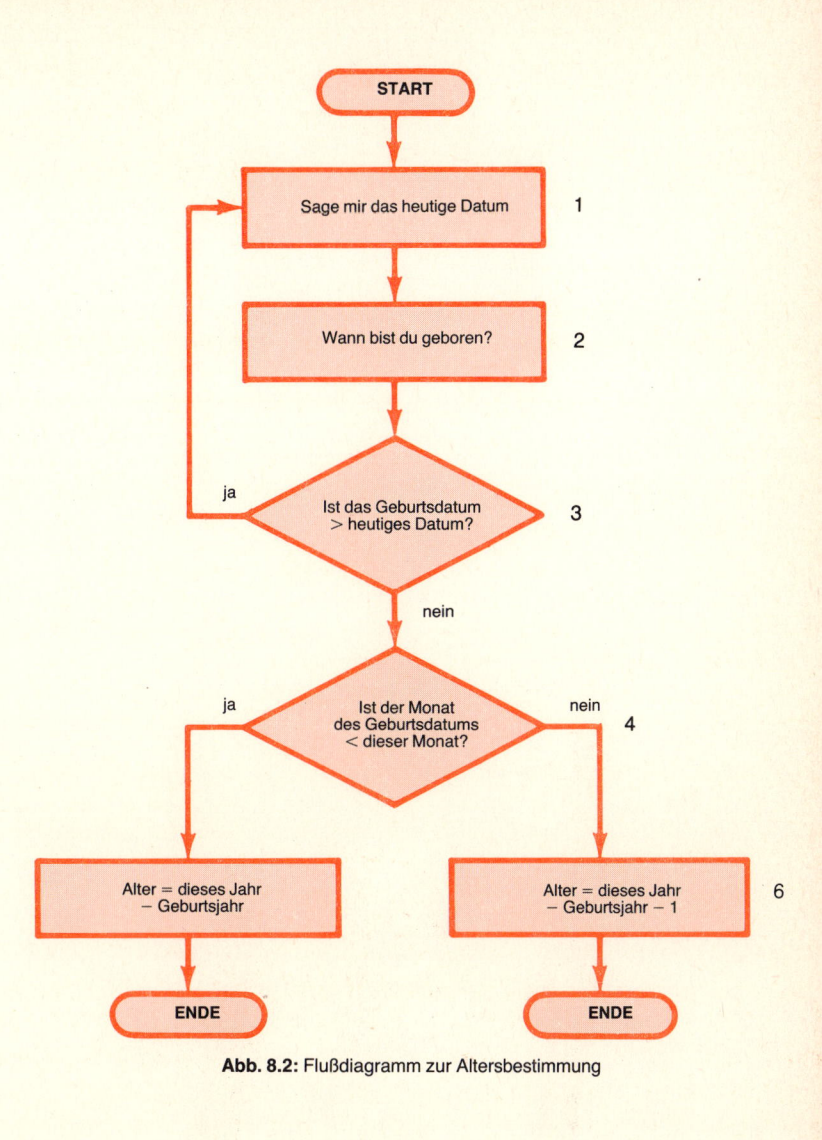

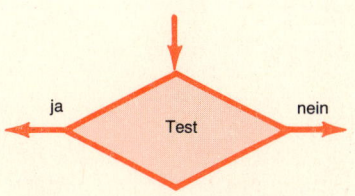

Abb. 8.2: Flußdiagramm zur Altersbestimmung

Abb. 8.3: Raute als Abfragesymbol

Wir wollen jetzt ein neues Programm entwerfen, das dich nach deinem Geburtsdatum und dem aktuellen Datum fragt, und dann dein Alter berechnet. Der Algorithmus ist naheliegend. Das Flußdiagramm ist in Abb. 8.2 dargestellt. Die Raute in dem Flußdiagramm zeigt eine Abfrage an. Hier wird zwischen zwei Möglichkeiten eine Auswahl getroffen. An dieser Stelle solltest du dich vergewissern, daß jede Auswahl wirklich nur *zwei* Möglichkeiten bietet („ja" oder „nein"), damit du das Flußdiagramm einfacher in ein Programm umwandeln kannst. Bezeichne die Pfeile entsprechend. Untersuche jetzt Abb. 8.2 und überprüfe, ob jeder Pfeil, der aus einer Raute kommt, entweder mit „ja" oder „nein" bezeichnet ist, je nach dem Ergebnis der Abfrage (siehe Abb. 8.3).

Im allgemeinen gibt es drei Möglichkeiten, die Pfeile zu zeichnen (siehe Abb. 8.4). Nimm die Art, die dir am besten gefällt. Du solltest so auswählen, daß das Flußdiagramm einfach zu lesen ist. Die „ja"- und „nein"-Pfeile dürfen beliebig ausgetauscht werden; mit anderen Worten, „ja" kann auch auf der rechten Seite stehen, je nachdem, was dir besser gefällt.

Kommen wir jetzt zurück zu Abb. 8.2, dem Altersberechnungs-Flußdiagramm, und untersuchen wir den Algorithmus, den es darstellt.

Zunächst wird nach dem heutigen Datum gefragt. Dieser Schritt entspricht dem ersten Rechteck in dem Flußdiagramm (mit 1 bezeichnet). Zweitens wird dein Geburtsdatum abgefragt. Dieses Rechteck ist mit 2 in dem Flußdiagramm beschriftet.

Als nächstes müssen wir überprüfen, ob das eingegebene Geburtsdatum sinnvoll ist. Wir müssen nachsehen, ob das Geburtsdatum früher liegt als das heutige Datum. Wenn der Wert des Geburtsdatums größer ist als der Wert des heutigen Datums, haben wir einen Fehler entdeckt, und wir starten die Anfrage noch einmal. Wenn nicht, vermuten wir, daß das Geburtsdatum richtig ist. Dieser Schritt entspricht der mit 3 gekennzeichneten Raute in dem Flußdiagramm.

Um das Ganze zu verfeinern, könnten wir alle Geburtsdaten zurückweisen, die ein Alter von 150 und mehr ergeben würden, da es unwahrscheinlich ist, daß sie richtig sind. Es ergeben sich jedoch keine ernsthaften Konsequenzen, ein solches Geburtsdatum zu akzeptieren; deshalb lohnt sich wahrscheinlich der Aufwand nicht, das Flußdiagramm daraufhin zu überprüfen.

Ein Flußdiagramm ist das Spiegelbild eines Algorithmus.

In dem Rechteck 4 des Flußdiagramms bestimmen wir, ob der Geburtsmonat kleiner ist als der Monat des heutigen Datums. Wenn ja, hast du in diesem Jahr schon Geburtstag gefeiert, und dein Alter kann als die Differenz des laufenden Jahres und des Geburtsjahres berechnet werden (Rechteck 5 im Flußdiagramm). Wenn du beispielsweise im Februar 1966 geboren bist, und wir März 1983 haben, bist du 1983 − 1966 = 17 Jahre alt.

Andernfalls (Rechteck 6 im Flußdiagramm) wird dein Alter als laufendes Jahr minus Geburtsjahr minus 1 berechnet. Wenn du beispielsweise im Juni 1968 geboren wurdest und wir März 1983 haben, bist du 1983 − 1968 − 1 = 14 Jahre alt. Um das Beispiel einfach zu halten, berücksichtigen wir nicht den Tag. Wir werden diese Verfeinerung später hinzufügen.

Die Schritte des Algorithmus sollten jetzt klar sein. Untersuchen wir doch als nächstes die Symbole des Flußdiagramms.

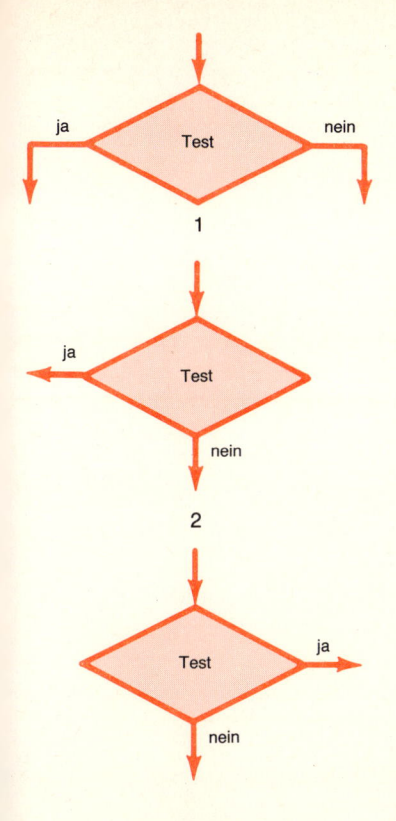

Die Symbole im Flußdiagramm

In einem Flußdiagramm werden rechteckige Kästchen für Berechnungen und direkte Tätigkeiten benutzt, die nicht mit einer Auswahl verbunden sind, wie etwa Eingabe oder Bildschirmanzeige. Rauten werden für Tests oder Auswahlmöglichkeiten verwendet. Es müssen wenigstens zwei ausgehende Pfeile vorhanden sein. Schließlich muß jeder Algorithmus einen Anfang und ein Ende haben. Dies wird durch die Bezeichnung START und ENDE gekennzeichnet.

Die Symbole in Flußdiagrammen sind nicht einheitlich genormt. Es sind viele Normen vorgeschlagen worden, aber nur eine wurde allgemein akzeptiert: Das rechteckige Kästchen wird immer verwendet. Die Raute könnte jedoch durch eine Raute mit runden Ecken ersetzt sein, wie in Abb. 8.5 dargestellt. Außerdem können die START- und END-Bezeichnungen in kleine Kreise gesetzt werden, wie es Abb. 8.6 zeigt. Schließlich gibt es besondere Symbole, um die Verwendung bestimmter Peripheriegeräte zu kennzeichnen. Beispielsweise kann ein PRINT auf eine der beiden in Abb. 8.7 gezeigten Arten erscheinen.

In der Praxis solltest du dir keine Gedanken über die Symbole machen. Ein Flußdiagramm ist einfach ein Weg, um einen Algorithmus (besonders, wenn er viele Auswahlmöglichkeiten enthält) geeignet zu veranschaulichen. Du darfst auch andere Symbole benutzen, wenn du möchtest. Es ist jedoch besser, die gebräuchlichen zu nehmen, damit du deine Programme leichter mit anderen austauschen bzw. andere Flußdiagramme leichter lesen und verstehen kannst.

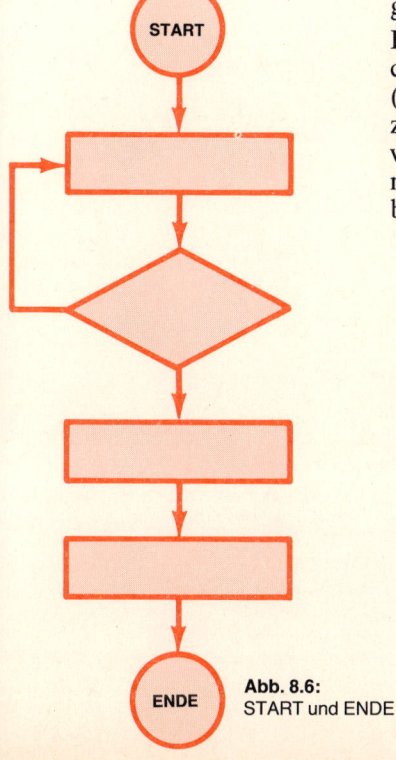

Abb. 8.4: Drei Arten von Verzweigungen

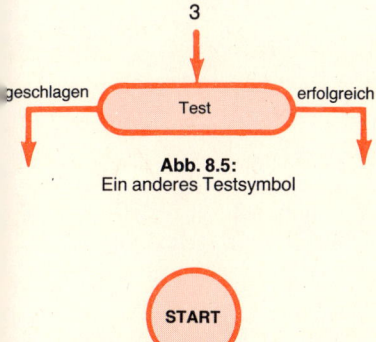

Abb. 8.5: Ein anderes Testsymbol

Abb. 8.6: START und ENDE

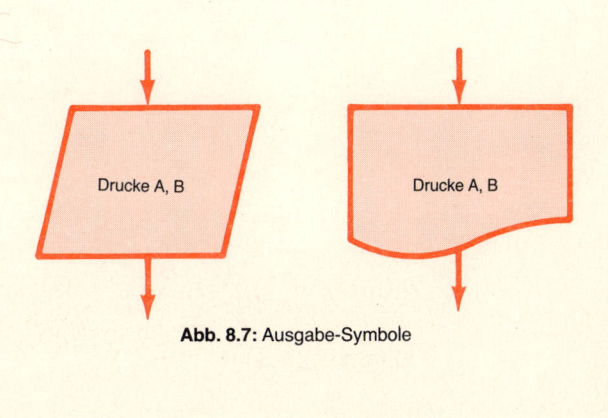

Abb. 8.7: Ausgabe-Symbole

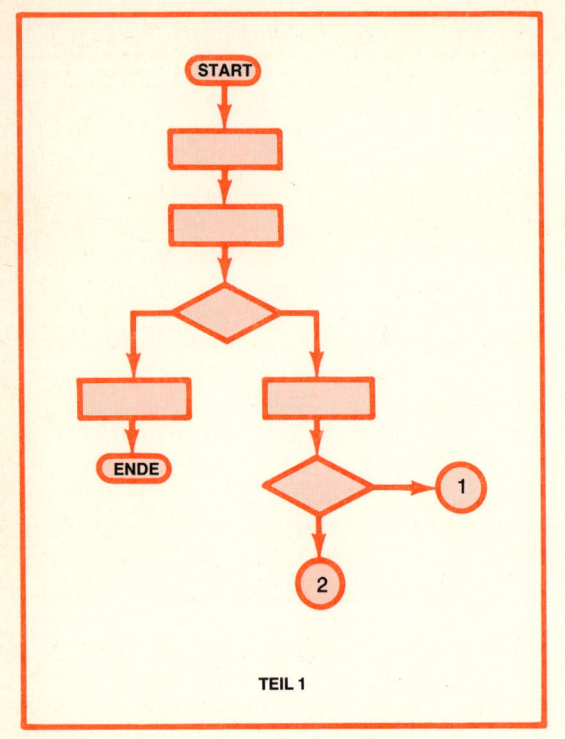

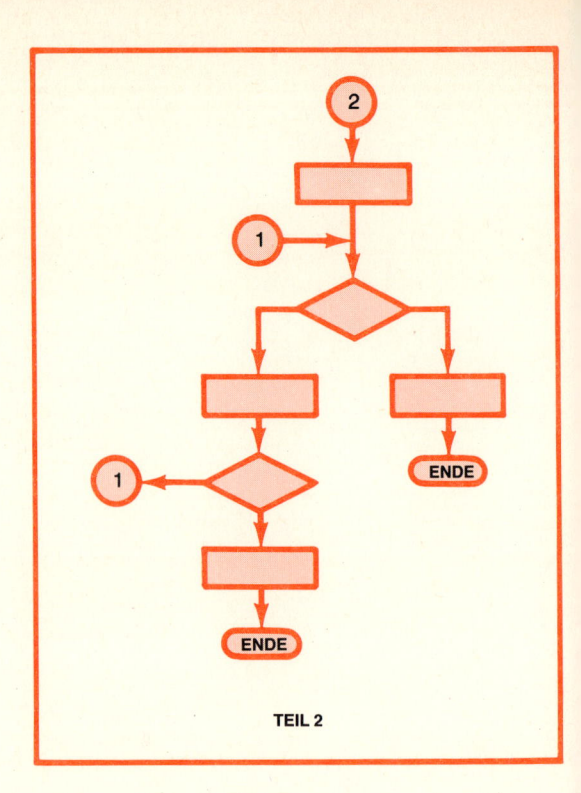

Abb. 8.8: Aufspalten eines Diagramms in zwei Teile

Aufspalten des Flußdiagramms

Hier ist eine weitere nützliche Vereinbarung: Wenn das Flußdiagramm über mehrere Seiten wächst, kannst du es in einzelne Teile aufspalten. Bezeichne jeden unterbrochenen Pfeil mit einer Zahl oder einem Namen und achte darauf, daß die Fortsetzung auf der anderen Seite genauso numeriert ist. Abb. 8.8 zeigt ein Beispiel, das Zahlen verwendet, um die Pfeile zu verbinden.

Verfeinern des Flußdiagramms

Du kannst die Befehle in den Kästchen des Flußdiagramms so schreiben, wie du möchtest. Sie sind keine BASIC-Befehle. Wenn du zum ersten Mal dein Flußdiagramm schreibst, möchtest du vielleicht etwas verschwommene Befehle wie etwa „sag mir dein Geburtsdatum" schreiben. Später kannst du die Befehle in den Kästchen verfeinern und ein Diagramm mit mehr Einzelheiten entwerfen, das einfacher in ein Programm zu übersetzen ist.

Wenn du denkst, daß die Befehle in den Kästchen präzise genug sind, um das erforderliche Programm zu schreiben, brauchst du sie nicht weiter zu verändern. Wenn sie dir jedoch zu schwammig oder zu kompliziert erscheinen, um direkt in ein Programm übersetzt zu werden, solltest du sie durch eine Folge von detaillierten Anweisungen ersetzen.

Du erinnerst dich bestimmt, daß das Flußdiagramm in Abb. 8.2 nur den Monat, aber nicht den Tag deiner Geburt ansieht, wenn es prüft, ob dein Geburtstag schon in diesem Monat war. Wir wollen es so verfeinern, daß es Monat und Tag überprüft. Der entsprechende Teil der ursprünglichen Fassung des Flußdiagramms findet sich in Abb. 8.9. Das neue oder verfeinerte Flußdiagramm wird in Abb. 8.10 gezeigt.

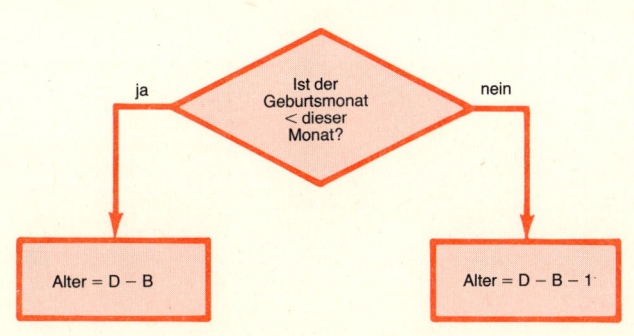

Abb. 8.9: Ein grober Algorithmus

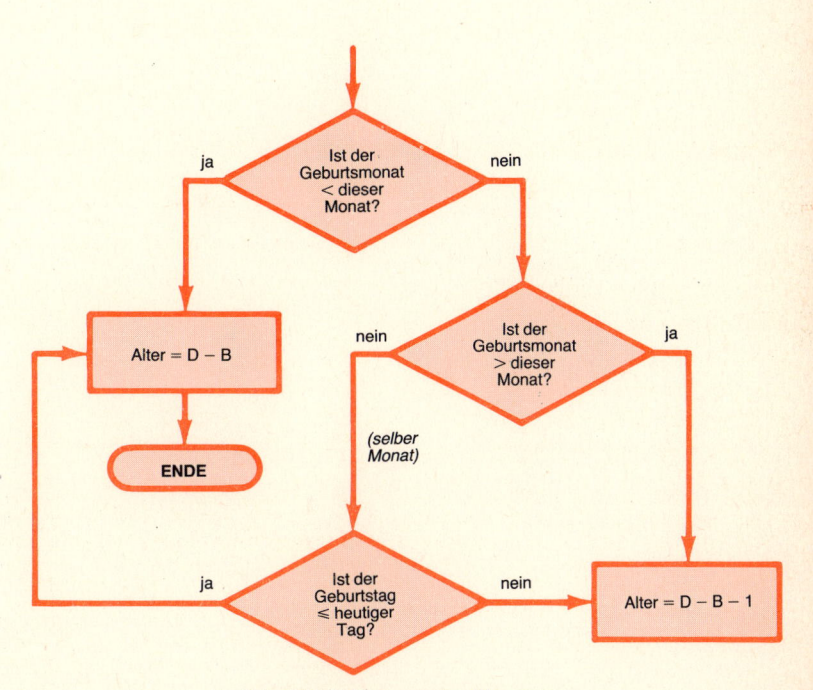

Abb. 8.10: Verfeinerung des Diagramms

In der Praxis schreiben sich die meisten Leute nicht den Algorithmus hin; sie gehen direkt zum Flußdiagramm über. Das ist in Ordnung. Manchmal überspringen jedoch erfahrene und nicht so erfahrene Programmierer ebenso das Erstellen eines Flußdiagramms und fangen an, direkt das *Programm* auf Papier zu schreiben. Das ist sehr gefährlich und führt schnell zu Fehlern. Ich kann dir nur eindringlich empfehlen, immer ein Flußdiagramm zu zeichnen, bevor du irgendein Programm schreibst. Später, als erfahrener Programmierer, kannst du vielleicht ohne ein ausgefeiltes Flußdiagramm auskommen und dich nur mit einem groben Entwurf begnügen.

Trockentest

Sobald du das Flußdiagramm geschrieben hast, kannst du an einem praktischen Beispiel überprüfen, ob das Ergebnis richtig ist oder wenigstens richtig zu sein scheint. Dieser Test erfolgt per Hand („trocken"), im Unterschied zum Test per Computer.

Laß uns noch einmal zu dem Altersberechnungs-Flußdiagramm zurückgehen: Gib das heutige Datum und dein Geburtsdatum vor. Na, stimmt das Alter? Wenn ja, dann haben wir Glück gehabt. Wenn nicht, hat der Fehlerteufel zugeschlagen. Versuche es jetzt mit verschiedenen Werten und nimm Geburtstage, die vor und hinter dem heutigen Datum liegen. Funktioniert es immer noch? Wenn

Wenn du das Flußdiagramm überspringst, könnte es Probleme geben.

ja, ist der Algorithmus wahrscheinlich richtig. Wenn nicht, ist irgendwo ein Fehler. Testen mit der Hand ist ein schneller Weg, um sicherzustellen, daß vordergründig kein Fehler vorliegt.

Wir haben jetzt also ein Flußdiagramm geschrieben, das zu funktionieren scheint, und damit alle vorbereitenden Schritte erledigt, um das eigentliche Programm zu schreiben. Dann mal los!

Kodieren

„Programmieren" bezeichnet normalerweise die ganze Folge von Arbeiten, die erforderlich ist, um ein Programm zu erstellen: Entwurf des Algorithmus, Flußdiagramm, Kodieren, Fehlersuche und Testen. Das Schreiben von Programmbefehlen wird „Kodieren" genannt, d.h. der Inhalt der Kästchen des Flußdiagramms wird in Befehle einer Programmiersprache (in unserem Fall BASIC) übersetzt.

Genau das haben wir bisher gelernt: Anweisungen, Formeln, Tests und Bedingungen in BASIC-Befehle zu übersetzen. Je ausführlicher dein Flußdiagramm geschrieben ist, desto leichter kannst du jedes Kästchen durch ein paar einfache BASIC-Befehle ausdrücken. Im allgemeinen wirst du mit wenig Programmiererfahrung jedes Kästchen im Flußdiagramm in nur ein paar, sagen wir ein oder zwei, BASIC-Befehle übersetzen; d.h. es besteht eine direkte Übereinstimmung zwischen Kästchen und Befehlen. Später, wenn deine Programmierfähigkeiten und -erfahrungen größer geworden sind, wirst du in der Lage sein, „lockere" Flußdiagramme zu schreiben, bei denen jedes Kästchen in mehrere BASIC-Befehle übersetzt wird.

Obwohl es nicht so aussieht, brauchst du häufig für das Kodieren die wenigste Zeit der ganzen Programmentwicklung. Das Testen eines Programms erfordert gewöhnlich viel mehr Zeit als das tatsächliche Kodieren. Deshalb ist es so wichtig, ein gutes Flußdiagramm zu schreiben. Damit kannst du die Fehler und damit die Zeit für das Testen gering halten.

Kodiere ein Programm genau, klar und lesbar, damit es schnell funktioniert und leicht getestet oder verändert werden kann.

„Kodieren ist einfach, wenn du ein brauchbares Flußdiagramm hast!"

Arbeite präzise

Schreibe deine Programmbefehle mit äußerster Sorgfalt, da jede fehlerhafte Verwendung eines Satzzeichens oder Symbols das Programm wahrscheinlich scheitern läßt.

Arbeite übersichtlich

Nimm einprägsame Variablennamen. Laß Platz in der Folge deiner Befehlsnummern für den Fall, daß du andere Befehle dazwischenschieben mußt. Verwende im ganzen Programm großzügig Bemerkungen (den REM-Befehl), um zu erläutern, was das Programm macht.

So, jetzt hast du einen Algorithmus entworfen, ein Flußdiagramm gezeichnet und das entsprechende Programm geschrieben. Und jetzt erwartest du wohl auch, daß es funktioniert? Rechne nicht damit, denn so leid es mir tut — in der Mehrzahl der Fälle *funktionieren Programme nicht beim ersten Mal*. Du brauchst gewöhnlich mehrere Versuche oder eine Menge Erfahrung, bevor ein Programm beliebiger Länge richtig läuft, und damit sind wir schon beim Thema des nächsten Schrittes.

Achte auf die Fehlerteufel! Arbeite übersichtlich und präzise.

Fehler wegputzen

Fehlersuche

Du hast dein Programm in ein BASIC-Programm kodiert. Dein Programm steht noch auf dem Papier. Jetzt solltest du es in deinen Computerspeicher eingeben, „RUN" tippen und dafür sorgen, daß es funktioniert. Das wird *„testen"* genannt. Jedesmal, wenn du einen Fehler findest, mußt du ihn korrigieren und das Programm noch einmal starten. Selbst wenn du beim Schreiben deines Programms sorgfältig und gründlich gewesen bist, wird ein langes Programm selten auf Anhieb richtig laufen. Das liegt daran, daß es leicht passieren kann, daß du ein Zeichen oder sogar einen ganzen Befehl an die falsche Stelle setzt. Selbst die besten Programmierer müssen ein beträchtliches Maß an Zeit verwenden, um ihre Programme zu testen. Sei also nicht überrascht, wenn du dein Programm mehrere Male korrigieren mußt, bis es endlich richtig läuft.

Glücklicherweise hilft dein BASIC-Interpreter dir, einige deiner Fehler auf Anhieb zu erkennen. Enthält dein Programm einen Fehlertyp, den der Interpreter entdecken kann, wird dein Programm abgebrochen, nachdem du RUN getippt hast. Der Interpreter gibt dir eine Fehlermeldung, wie etwa „SYNTAX ERROR IN LINE 84". Meistens kann dir der Interpreter helfen, insbesondere bei *Syntaxfehlern* (Benutzung von unerlaubten Symbolen oder Operationen). Die gefährlichsten Fehler jedoch, die *logischen* oder *sachlichen Fehler,* bleiben dir überlassen. Deshalb solltest du dir genügend Zeit nehmen, um dein Flußdiagramm sorgfältig zu entwerfen. Zum anderen solltest du auch jedesmal bei einer Eingabe oder nach einer langwierigen Berechnung die Zahlen überprüfen, indem du dir ihre Größenordnung ansiehst. Falls dein Programm einen logischen Irrtum enthält, hilft dir diese Methode, den Programmteil, der den Fehler enthält, einzugrenzen.

*Der Interpreter
hilft dir bei der
Fehlerdiagnose*

In einem einfachen Programm findet der BASIC-Interpreter gewöhnlich ein paar Tippfehler. Du korrigierst sie dann, und dein Programm läuft. Du solltest aber dennoch überprüfen, ob es auch richtig funktioniert. Führe also mehrere Tests mit echten Werten durch. Dabei merkst du dann, ob du nicht noch gedankliche Fehler ausmerzen mußt. Als Trost sei gesagt, daß dein Programm in den meisten Fällen funktionieren wird.

Tips aus der Praxis

Hier der Tip eines leidgeprüften Praktikers: Füge überall in dein Programm zusätzliche PRINT-Befehle ein, um wichtige Werte durchgehend zu überprüfen. Das hilft dir, Fehlern frühzeitig auf die Spur zu kommen und sie zu beseitigen, bevor der Schaden zu groß wird. Hier ist ein Beispiel, das du verwenden könntest:

```
1235   PRINT "TEST DES MITTELWERTES ERGIBT "; MWERT
```

Läuft das Programm erst einmal, kannst du diese zusätzlichen PRINT-Befehle wieder herausnehmen. Dieses Verfahren nennt man „*Verfolgen* einer Variablen".

Und noch ein wertvoller Tip: Jedesmal, wenn das Programm anhält, entweder von selbst oder weil der Interpreter es unterbrochen hat, solltest du im *sofortigen Ausführungsmodus* die Werte der verschiedenen Variablen deines Programms überprüfen. Das erreichst du z. B. durch die Anweisungen:

> PRINT MWERT

und dann

> PRINT SUMME

Auf dem Bildschirm wird dir jetzt der aktuelle Wert der beiden Variablen MWERT und SUMME ausgegeben.

Der Schlüssel zu erfolgreichem Testen liegt in der Erfahrung und Vorbeugung. Nimm dir nächstes Mal für den Programmentwurf und das Flußdiagramm mehr Zeit, und du verbringst weniger Zeit mit der Fehlersuche.

So, dein Programm funktioniert jetzt richtig, denkst du jedenfalls, und du bist es so leid, daß du es weit weg in eine Ecke legst. Später benutzt du es vielleicht wieder, und prompt findest du einen Fehler. Um dir in einem solchen Fall die Fehlersuche zu erleichtern, solltest du eine Beschreibung haben, mit der du dich im Programm zurechtfindest. Dieser wichtige Arbeitsschritt heißt Dokumentation.

Dokumentation

Du hast gerade den Entwurf und das Kodieren eines Programms beendet. Du bist noch vollständig mit seiner Arbeitsweise vertraut und kennst jeden Befehl und seine Wirkung. Sicher wirst du dir schlecht vorstellen können, wie schnell du vergißt, was das Programm macht und wie schwierig es sein kann, dein eigenes Programm später zu lesen oder zu verstehen. Wenn du vorhast, dein Programm wiederzuverwenden oder später gefundene Fehler zu korrigieren, ist es unbedingt notwendig, daß du dein Programm sofort und vollständig erläuterst. Das heißt, gestalte das Programm übersichtlich und dokumentiere alles, was eine Erklärung benötigt, auf Papier oder mit dem REM-Befehl im Programm.

Hier ist eine Zusammenfassung aller Möglichkeiten, die wir beschrieben haben, um ein Programm übersichtlich zu machen.

Ein gutes Programm bedarf der übersichtlichen Gestaltung: Trenne Abschnitte mit Leerzeilen oder leeren Befehlen. Bring Teile in eine Zeile oder rücke sie ein, um Klarheit zu gewinnen. Du möchtest vielleicht Zeilennummern nehmen, die alle die gleiche Länge haben. Auf diese Weise stehen deine Programmbefehle senkrecht untereinander. Außerdem empfiehlt es sich, bei FOR...NEXT-Anweisungen den von FOR und NEXT eingeschlossenen Befehlsblock einzurücken.

Verwende ebenso großzügig Leerzeichen, um schwierige Befehle klarer zu machen, insbesondere solche, die mathematische Ausdrücke enthalten. Nimm Klammern, um das Ergebnis einer Berechnung klarzumachen.

Erkläre, was du machst, auch auf die Gefahr hin, daß andere wissen, was du meinst: Verwende REM-Befehle, um Formeln, Tests, Namen oder Vereinbarungen zu erklären. Es ist ebenfalls nützlich, ein kurze, geschriebene Erklärung für alle verwendeten Methoden oder Verfahren zu geben, die nicht eindeutig sind oder nicht durch einen PRINT-Befehl im Programm beschrieben werden.

Halte dein Flußdiagramm so aktuell, wie eine Zeitung ihre Titelseite: Erstelle ein sauberes Flußdiagramm oder eine Reihe von Flußdiagrammen, die genau deinem Programm entsprechen. Oft werden während des Testens in letzter Minute direkt am Programm Änderungen vorgenommen. Achte darauf, daß sie sich auch im ursprünglichen Flußdiagramm wiederfinden, weil du es sonst sehr schwer hast, dein Programm später zu ändern oder zu korrigieren.

Zögere nicht, Programmzeilen umzunumerieren: Häufig mußt du zusätzliche Befehle einfügen, wenn du dein Programm korrigierst,

Dokumentiere dein Programm

d. h. testest. Sobald das Programm deiner Meinung nach richtig ist, solltest du vielleicht die Zeilen umnumerieren, so daß alle Zeilennummern den gleichen Abstand haben. Das erleichtert spätere Änderungen in dem Programm. Im allgemeinen gibt es besondere Zeilennumerierungsprogramme, die ein vollständiges Programm umnumerieren. Wenn so eine automatische Einrichtung nicht verfügbar ist, verwende ruhig ein bißchen Zeit darauf, die Befehle umzunumerieren, so daß du eine saubere Reihenfolge erhältst. Das ist ein Vorschlag zur Arbeitserleichterung, keine Vorschrift.

Zusammenfassung

In diesem Kapitel haben wir die fünf Schritte beschrieben, die nötig sind, um ein Programm fertigzustellen: Entwurf, Flußdiagramm, Kodierung, Test und Dokumentation. Gehen wir sie noch einmal kurz durch.

Für jedes Programm mußt du einen Algorithmus entwerfen, wenn nicht auf dem Papier, dann wenigstes im Kopf. Der Algorithmus kann als eine Reihe von Formeln oder Bemerkungen skizziert werden, die die wesentlichen Schritte beschreiben.

Im nächsten Schritt entwickelst du ein Flußdiagramm, das die vollständige Reihenfolge der Ereignisse beschreibt. Betrachte dies als einen zwingenden Schritt für jedes Programm, das mehr als nur ein paar Zeilen umfaßt. Denke daran, je sorgfältiger du das Flußdiagramm entwickelst, desto besser sind die Aussichten, daß dein Programm richtig sein wird.

Der nächste Schritt ist das Kodieren. Das Flußdiagramm wird in BASIC-Befehle übersetzt. Mit ein bißchen Übung geht es beachtlich schnell. Es ist wirklich so, daß das Kodieren die wenigste Zeit wegnimmt.

Dann kommt das Testen und die Fehlersuche. Dieser Schritt ist immer erforderlich und braucht oft die meiste Zeit. Jedes Programm muß sorgfältig ausprobiert werden.

Schließlich erleichtert oder erschwert die Qualität der Dokumentation den späteren Gebrauch des Programms und die notwendigen Änderungen.

Übungen

8-1: Beschreibe die fünf Phasen der Programmentwicklung.

8-2: Was ist der Unterschied zwischen Kodierung und Programmierung?

8-3: Was ist der Zweck des Testens?

8-4: Wie verfolgst du eine Variable?

8-5: Warum solltest du ein Programm umnumerieren, nachdem du Änderungen durchgeführt hast?

8-6: Was ist ein Flußdiagramm?

8-7: Schreibe ein Flußdiagramm, um ein Auto zu starten oder ein Gerät zu bedienen.

8-8: Was sind die Vorteile von klar geschriebenen Programmen?

8-9: Beschreibe die Methoden, um ein Programm übersichtlicher zu gestalten.

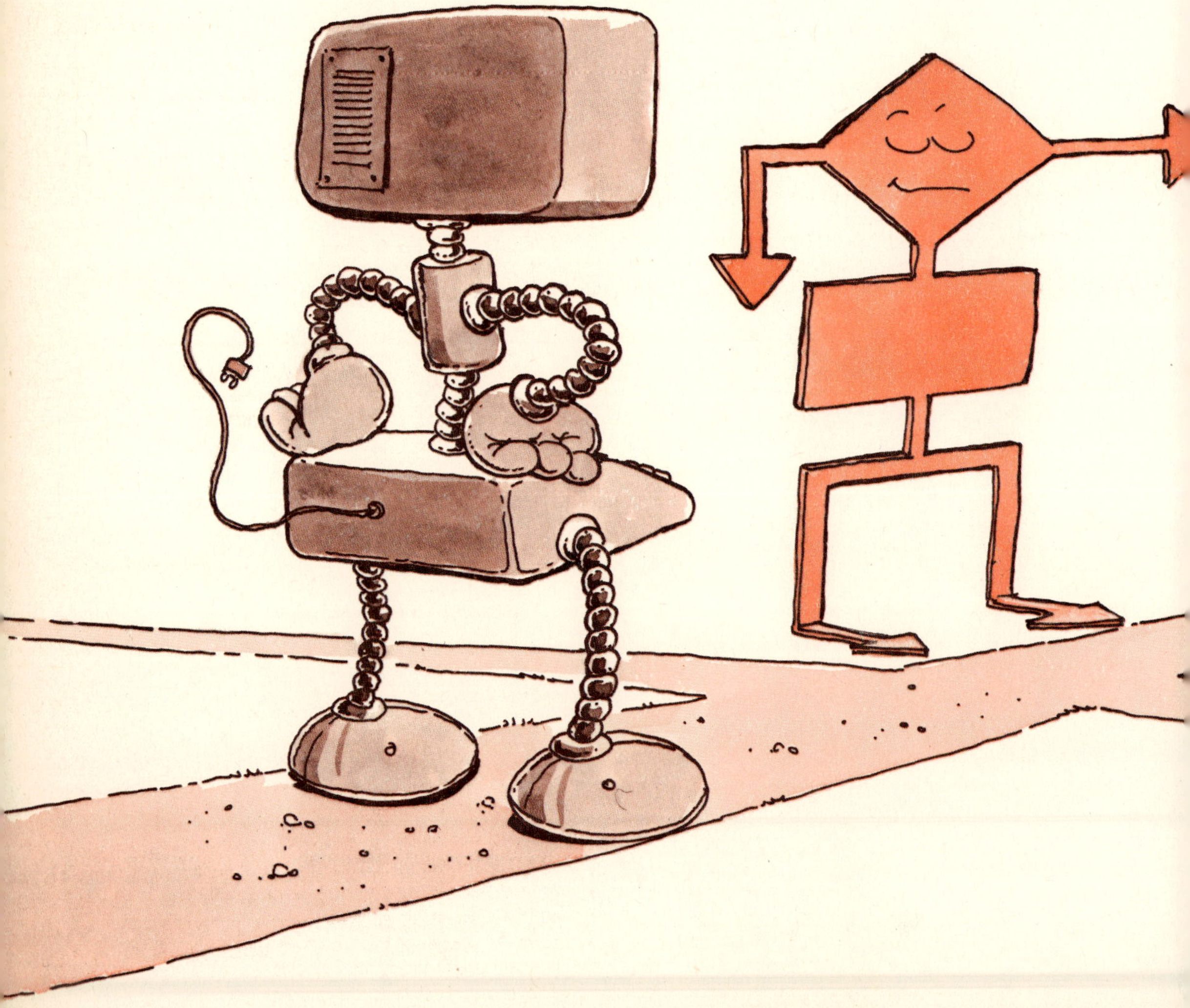

Fallstudie: Gewichtsumrechnung

9

Wir wollen jetzt ein vollständiges Programm entwickeln und jeden einzelnen Schritt der Reihe nach beschreiben. Hier ist das Problem, das wir lösen möchten:

Wir möchten ein Programm schreiben, das automatisch ein Gewicht, das wir in Pfund angeben, in seinen entsprechenden Kilogrammwert umrechnet. Dieses Programm sollte entweder eine Zahl umwandeln, die wir von der Tastatur eingeben, oder eine Gewichtsumrechnungstabelle für Gewichte zwischen zwei angegebenen Werten drucken.

Entwurf des Algorithmus

Die grobe Folge der Schritte, an die wir uns halten werden, um das Problem zu lösen, ist ziemlich einfach. Wir fragen den Anwender, was er oder sie machen möchte (eine einzige Umwandlung oder eine Wertetabelle), und führen dann das Gewünschte aus. Das ist unser grober Algorithmus. Jetzt wollen wir ihn verfeinern.

Ein Pfund entspricht 0,5 Kilogramm. Die Umwandlung von Pfund in Kilogramm wird gemäß folgender Formel ausgeführt:

$$G_{Kilogramm} = G_{Pfund} * 0,5$$

oder kürzer

$$G_{kg} = G_{Pfd} * 0,5$$

Hier ist der grundlegende Algorithmus:

- Gib an, ob eine einzelne Umrechnung oder eine Tabelle gewünscht wird.
- Falls Umwandlung, erfrage das Gewicht in Pfund.
- Rechne in Kilogramm um (mit obiger Formel) und zeige das Ergebnis an.
- END
- Falls Tabelle, frage maximales Gewicht in Pfund an.
- Rechne in Kilogramm um und zeige die Ergebnisse bis zum letzten Wert an.
- END

In der Praxis ist es nicht nötig, den Algorithmus auszuschreiben, solange du ein Flußdiagramm vorbereitest.

Erstellen des Flußdiagramms

Um das Flußdiagramm anzufertigen, müssen wir zunächst wissen, ob das Programm eine einzige Umrechnung ausführen oder eine Wertetabelle anzeigen soll. Hier ist der entsprechende Teil des Flußdiagramms:

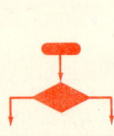

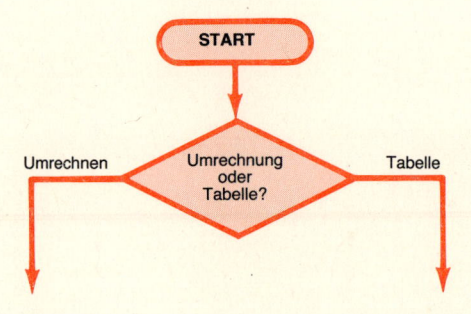

START

Umrechnen — Umrechnung oder Tabelle? — Tabelle

Du siehst ein Entscheidungskästchen mit zwei möglichen Ausgängen (d.h. Verzweigungen): UMRECHNEN und TABELLE.

Untersuchen wir zunächst UMRECHNEN. Der Anwender möchte ein einzelnes Gewicht von Pfund in Kilogramm umrechnen. Wir müssen den Gewichtswert erfragen. Hier ist der entsprechende Flußdiagrammdurchlauf:

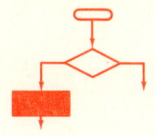

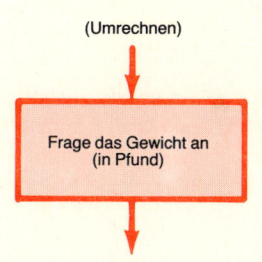

(Umrechnen)

Frage das Gewicht an
(in Pfund)

Wir könnten jetzt diesen Wert in Kilogramm umrechnen. Wir wollen jedoch sofort das Flußdiagramm verfeinern. Als Vorsichtsmaßnahme überprüfen wir den vom Anwender eingegebenen Wert, indem wir uns ansehen, ob er vernünftig ist oder nicht. So sieht unser Flußdiagramm aus, wenn wir diese Überprüfung hinzufügen:

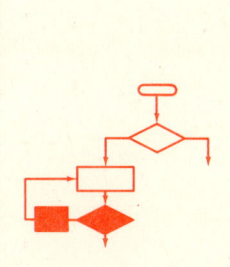

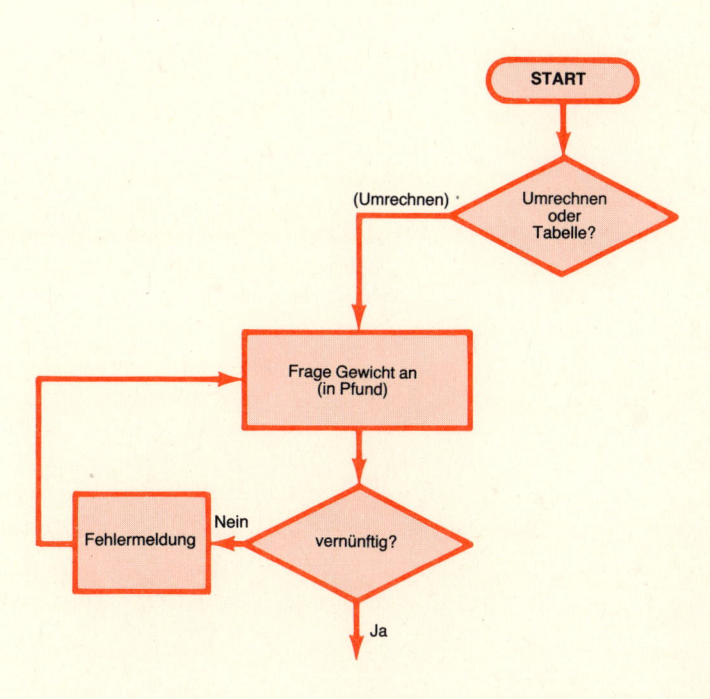

START

Umrechnen oder Tabelle?

(Umrechnen)

Frage Gewicht an
(in Pfund)

vernünftig?

Nein — Fehlermeldung

Ja

Beachte, daß wir ein Kästchen hinzugefügt haben, um uns anzusehen, ob die Eingabe vernünftig ist oder nicht. Wenn nicht, wird eine Fehlermeldung wie „UNSINNIGE EINGABE. VERSUCH'S NOCH EINMAL" gegeben, und das Programm fragt nach einer neuen Gewichtsangabe.

Der Gewichtswert ist überprüft und wird jetzt in Kilogramm umgerechnet:

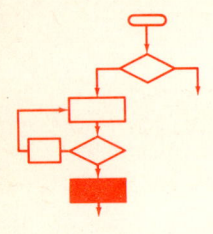

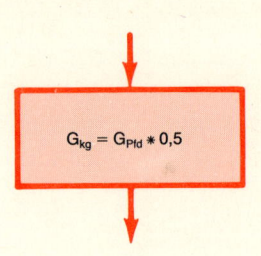

$$G_{kg} = G_{Pfd} * 0,5$$

Nun können wir das Ergebnis anzeigen:

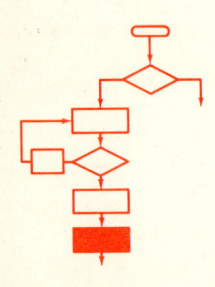

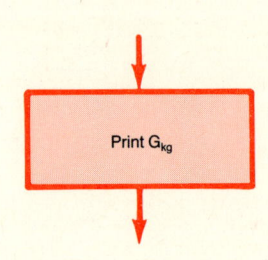

Print G_{kg}

Unsere Umrechnung ist jetzt fertig. Wir könnten diesen Teil des Flußdiagramms hier beenden. Wir wollen jedoch noch eine gebräuchliche Form hinzufügen, indem wir den Anwender fragen, ob er eine weitere Umrechnung ausführen möchte:

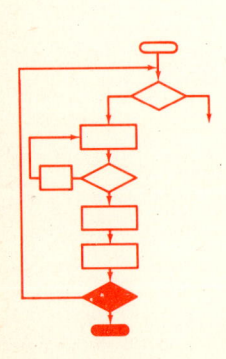

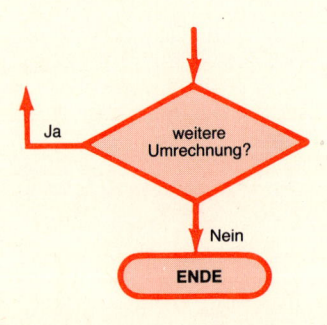

Ja ← weitere Umrechnung?
Nein ↓
ENDE

Wenn eine weitere Berechnung gewünscht wird, zeigt der Pfeil wieder auf den Anfang des Flußdiagramms. Bis jetzt sieht unser Flußdiagramm wie folgt aus:

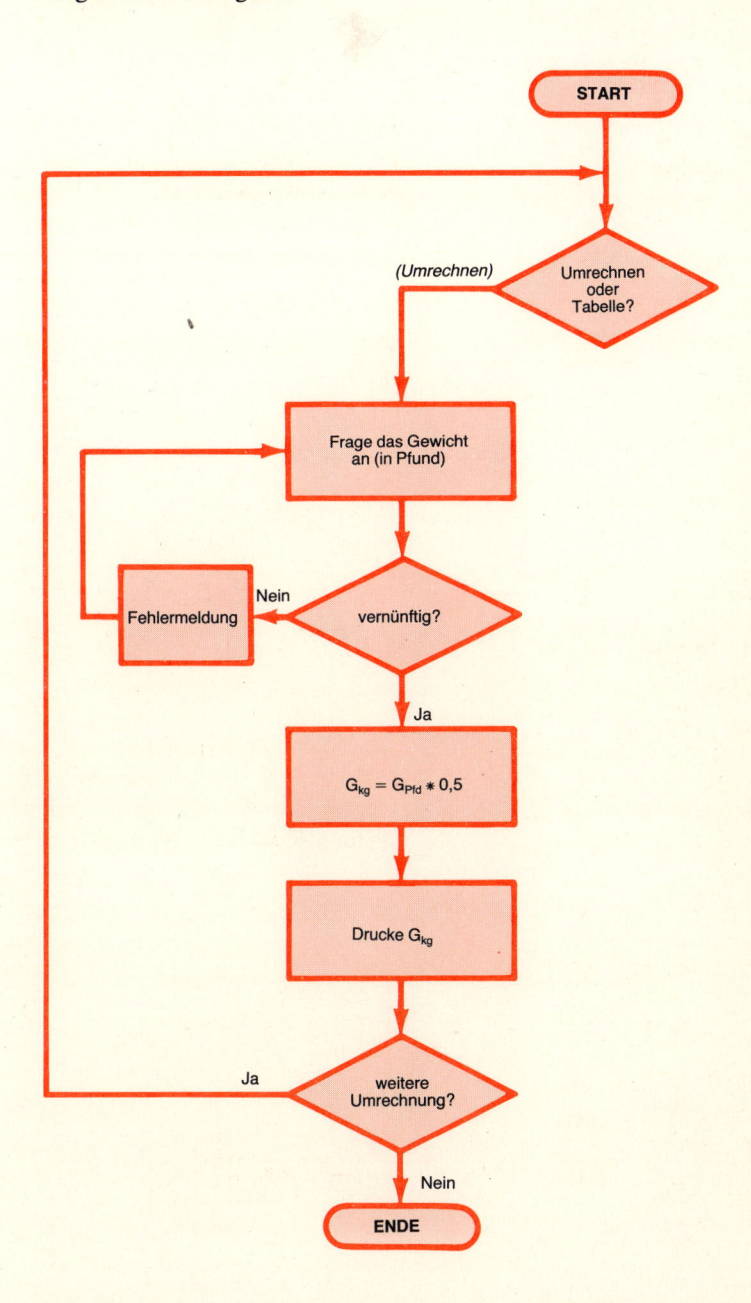

```
                                    ┌─────────┐
                                    │  START  │
                                    └────┬────┘
                                         │
                                         ▼
                                    ╱ Umrechnen ╲
                   (Umrechnen)      ╲   oder    ╱
                 ◄──────────────────╱  Tabelle? ╲
                                         │
                                         ▼
                              ┌──────────────────┐
              ┌──────────────►│ Frage das Gewicht│
              │               │  an (in Pfund)   │
              │               └────────┬─────────┘
              │                        ▼
      ┌───────┴──────┐  Nein       ╱        ╲
      │ Fehlermeldung│◄────────── ╱vernünftig?╲
      └──────────────┘             ╲         ╱
                                         │ Ja
                                         ▼
                              ┌──────────────────┐
                              │ G_kg = G_Pfd * 0,5│
                              └────────┬─────────┘
                                         ▼
                              ┌──────────────────┐
                              │    Drucke G_kg   │
                              └────────┬─────────┘
                                         ▼
              Ja                   ╱  weitere   ╲
         ◄────────────────────────╱ Umrechnung? ╲
                                         │ Nein
                                         ▼
                                    ┌─────────┐
                                    │   ENDE  │
                                    └─────────┘
```

Jetzt gehen wir zurück zu unserem ersten Entscheidungskästchen und untersuchen, was passiert, wenn der Anwender eine Wertetabelle anzeigen lassen möchte. Das ist die TABELLEN-Wahlmöglichkeit ganz oben im Flußdiagramm.

Wir müssen den höchsten Wert kennen, der umgerechnet werden soll:

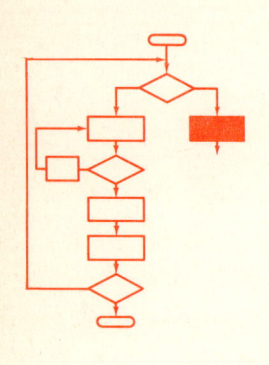

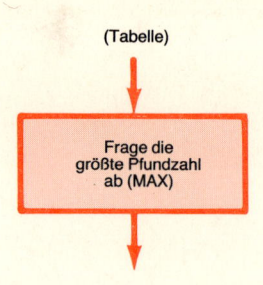

(Tabelle)

Frage die größte Pfundzahl ab (MAX)

Aus Sicherheitsgründen sehen wir uns wieder an, ob diese Zahl vernünftig ist:

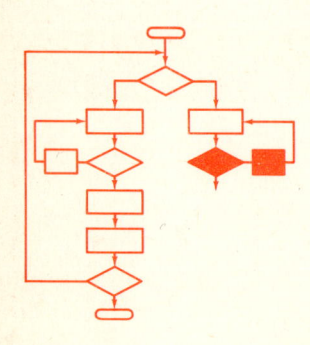

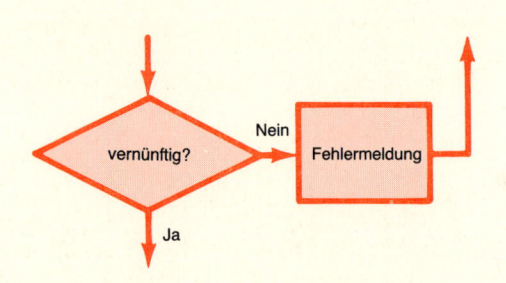

vernünftig? — Nein → Fehlermeldung

Ja ↓

Genau wie vorher, geht das Programm erst dann weiter, wenn ein vernünftiger Wert für MAX eingegeben ist.

Dann können wir weitermachen und die Tabelle, die Pfund in Kilogramm umrechnet, bis zu dem gewünschten Endwert anzeigen:

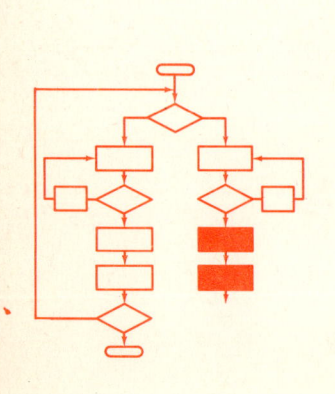

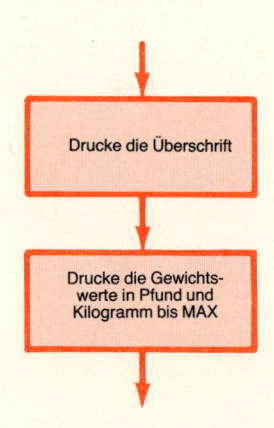

Drucke die Überschrift

Drucke die Gewichtswerte in Pfund und Kilogramm bis MAX

Schließlich wollen wir auch diesmal den Anwender fragen, ob er eine weitere Tabelle ausrechnen möchte:

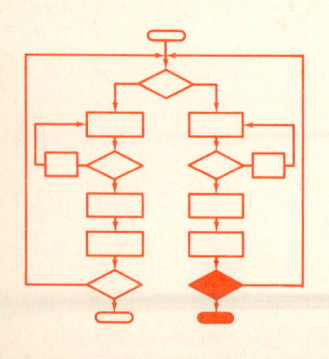

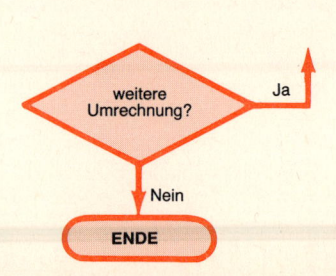

weitere Umrechnung? — Ja

Nein ↓

ENDE

166

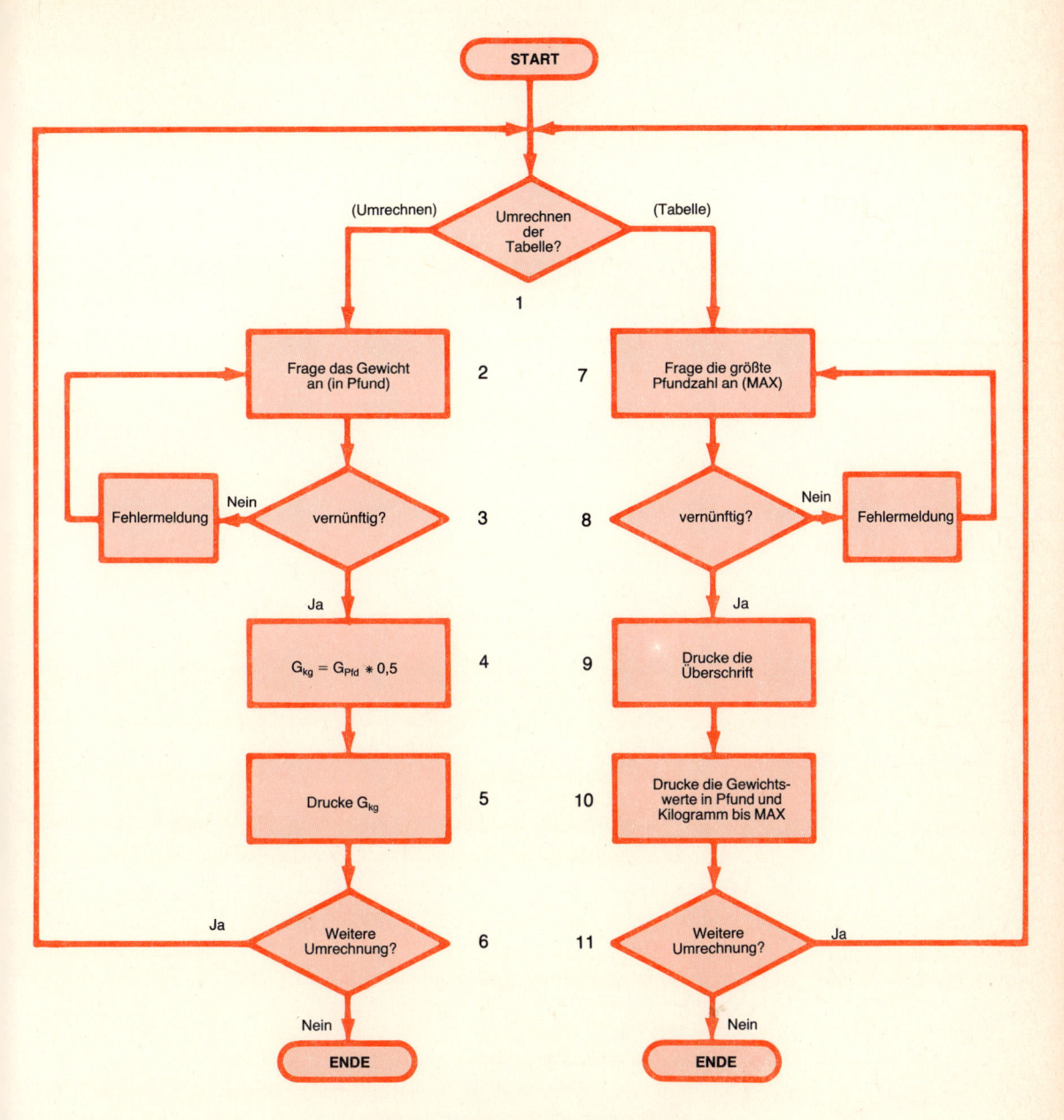

Abb. 9.1: Flußdiagramm zur Gewichtsumrechnung

Abb. 9.1 zeigt das vollständige Flußdiagramm. Es ist charakteristisch. Der Inhalt der Kästchen ist etwas „locker" geschrieben. Manche Kästchen werden einfach nur in ein oder zwei BASIC-Befehlen kodiert, wogegen für andere Kästchen mehrere Befehle erforderlich sind. Entscheidend ist jedoch die Reihenfolge.

Die Tatsache, daß einige Kästchen genauer sind als andere, ist nicht schlimm. Denke daran, daß die Reihenfolge im Flußdiagramm genau stimmen muß, die Einzelheiten jedoch so geschrieben werden dürfen, wie es dir am besten paßt. Verwende nicht unnötige Zeit darauf, den Inhalt der Kästchen optimal zu gestalten, solange du meinst, daß du ihn direkt kodieren kannst. Das Flußdiagramm muß nur klar und leicht zu lesen sein. Ein klares, gut aufgebautes Flußdiagramm verbessert deine Aussichten, ein richtiges Programm zu schreiben.

Der Vollständigkeit halber geben wir hier einige Verfeinerungsmöglichkeiten oder Alternativen an, die du vielleicht in Betracht ziehen solltest:

▶ Du könntest in allen Einzelheiten erklären, wie du überprüfst, ob das Gewicht „vernünftig" ist. (Hier sehen wir uns einfach nur an, ob G_{Pfd} positiv ist.)

▶ Du könntest ausführlicher mit Fehlermeldungen und Dialogen arbeiten.

Im allgemeinen gilt die Regel: *Halte es einfach*. Mache nur soviel, daß

1. die Schrittfolge richtig und vollständig ist,
2. du jedes Kästchen verstehst und ungefähr weißt, wie du es in Programmbefehle umsetzen kannst.

Je einfacher der Inhalt der Kästchen ist, desto klarer ist das Flußdiagramm. Je mehr Einzelheiten ein Kästchen enthält, desto einfacher ist das Kodieren.

Wenn wir diese Regeln anwenden, können wir das Flußdiagramm vereinfachen:

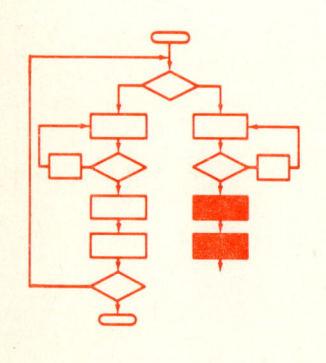

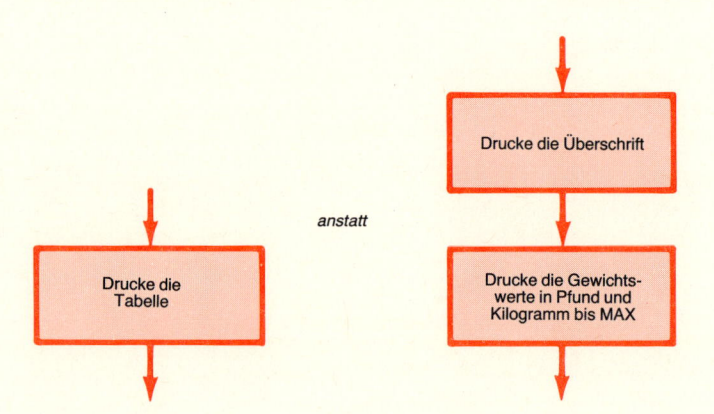

Beide Möglichkeiten sind richtig. Nimm diejenige, die dir am meisten zusagt. In diesem Falle war es meine Absicht, auf die sich ergebenden Programmierschritte hinzuweisen, und deshalb habe ich den Inhalt der Kästchen ausführlicher gehalten.

Du kannst immer den Inhalt eines Kästchens oder irgendeinen Teil deines Flußdiagramms auf einem anderen Stück Papier neu schreiben, um das Kodieren zu erleichtern oder eine Alternative auszuprobieren.

Zur Überprüfung des Flußdiagramms testen wir es auf dem Papier mit echten Zahlen, um sicher zu sein, daß es funktioniert. Wenn es geklappt hat, können wir weitermachen.

Kodieren

Entsprechend unserem Flußdiagramm schreiben wir jetzt ein Programm. Damit das Programm leicht zu lesen ist, nehmen wir an, daß dein BASIC-Interpreter lange Variablennamen (Namen mit mehr als einem Buchstaben) zuläßt und daß er Gleitkomma-Operationen (d. h. Verwendung von Dezimalzahlen) zur Verfügung stellt.

Sollte das nicht der Fall sein, kürzt du einfach deine Variablennamen ab. Wenn dein BASIC ein Integer-BASIC (keine Dezimalzahlen) ist, funktioniert zwar das Programm, aber die Umrechnung ist nur annähernd richtig.

Und jetzt wollen wir jedes Kästchen des Flußdiagramms in die entsprechenden BASIC-Befehle übertragen.

Hier ist Kästchen 1 des Flußdiagramms:

Hier sind die entsprechenden Programmbefehle:

```
100   REM***UMRECHNUNG VON PFUND IN KILOGRAMM***
110   REM DIESES PROGRAMM FUEHRT ENTWEDER EINE
         DIREKTE UMRECHNUNG AUS
120   REM ODER ES DRUCKT EINE WERTETABELLE
130   REM GIB ZUNAECHST DIE UMRECHNUNGSART AN:
         DIREKT ODER TABELLE
140   PRINT "ICH RECHNE PFUND IN KILOGRAMM UM"
150   PRINT "WENN DU DIREKT UMRECHNEN MOECHTEST,
         TIPPE D."
160   PRINT "WENN DU EINE TABELLE HABEN MOECHTEST,
         TIPPE T."
170   PRINT "DEINE WAHL (D ODER T)";
180   INPUT WAHL$
190   IF WAHL$="D" THEN GOTO 300
200   REM ZEILE 300 IST DIREKTE UMKEHRRECHNUNG
210   IF WAHL$="T" THEN GOTO 500
220   REM ZEILE 500 IST TABELLE DRUCKEN
230   REM EINGABE IST UNGUELTIG, WENN ZEICHEN
         NICHT D ODER T
240   PRINT "D ODER T BITTE!"
250   GOTO 170
```

Bei größerer Erfahrung wirst du sicherlich in der Lage sein, von Kästchen 1 des Flußdiagramms direkt zu den entsprechenden Programmbefehlen überzugehen. Zu Anfang jedoch wirst du eine ausführlichere Version des Flußdiagramms brauchen.

Hier ist eine ausführliche Version von Kästchen 1:

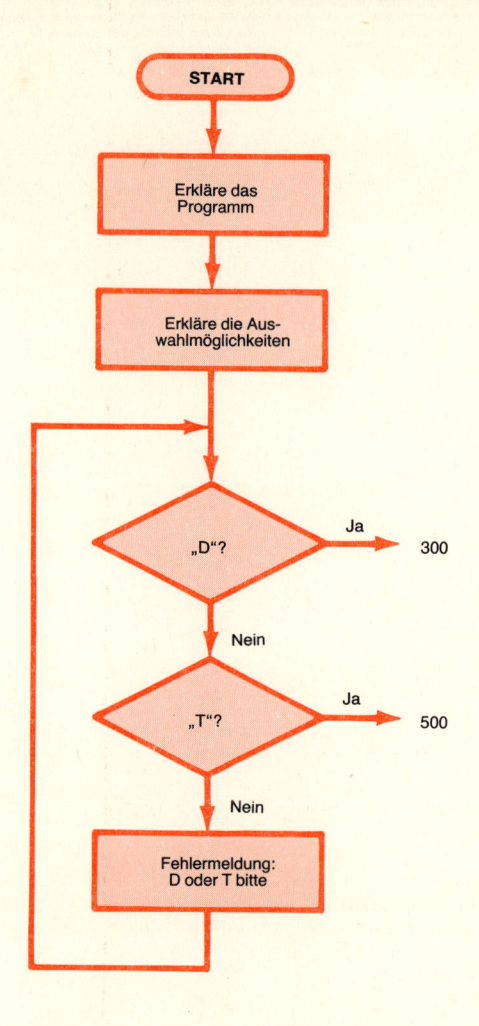

Beachte, wie gut diese erweiterte Version mit den BASIC-Befehlen übereinstimmt. Beachte außerdem, daß wir einen *Gültigkeitstest* für WAHL$ eingefügt haben. Wir nehmen nicht einfach an, daß der Anwender mitmacht und „D" oder „T" eintippt. Halte an diesem Punkt nach, und **denke daran:** jedesmal, wenn du eine Eingabe abfragst, solltest du sie überprüfen.

Der Rest ist einfacher. Setzen wir Kästchen 2 um:

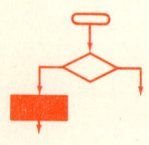

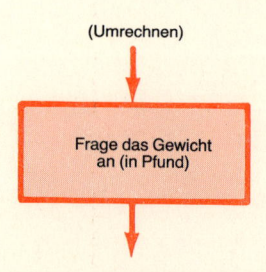

Die entsprechenden Befehle sind:

```
300   REM ***DIREKTE UMRECHNUNG***
310   PRINT "TIPPE DAS GEWICHT IN PFUND EIN...";
320   INPUT GPFD
```

Nebenbei bemerkt, wir hätten auch schreiben können:

```
310   INPUT "TIPPE DAS GEWICHT IN PFUND EIN..."; GPFD
```

Ich habe mich jedoch entschlossen, den PRINT- und den INPUT-Befehl zu trennen, um einfacher zeigen zu können, wie die Programmzeilen dem Flußdiagramm entsprechen. Du kannst jedoch eine von beiden Formen nehmen.

Machen wir weiter. Hier ist Kästchen 3:

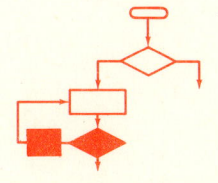

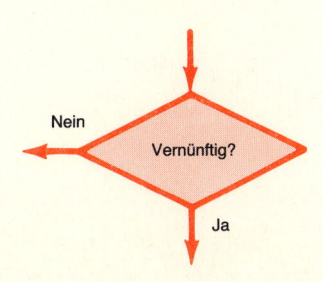

Und hier ist das gleichwertige Programm:

```
330   IF GPFD < 0 THEN GOTO 310
340   REM GEWICHT MUSS POSITIV SEIN
350   REM WIR KOENNTEN HIER EINE AUSFUEHRLICHERE
      FEHLERMELDUNG GEBEN
```

Das Gegenstück zu Kästchen 4 ist:

```
360   GKG = GPFD * 0.5
```

Und zu Kästchen 5:

```
370   PRINT GPFD; " PFUND SIND "; GKG; " KILOGRAMM "
```

Und zu Kästchen 6:

```
410   PRINT "WEITERE UMRECHNUNG? J FUER JA,
      N FUER NEIN:";
420   INPUT NOCHMAL$
430   IF NOCHMAL$= "J" THEN GOTO 150
440   IF NOCHMAL$= "N" THEN END
450   REM EINGABE WAR NICHT J ODER N
460   PRINT "J ODER N BITTE!"
470   GOTO 380
```

Falls du das Vorausgegangene nicht verstanden hast, schau dir hier das dazugehörige detaillierte Flußdiagramm an:

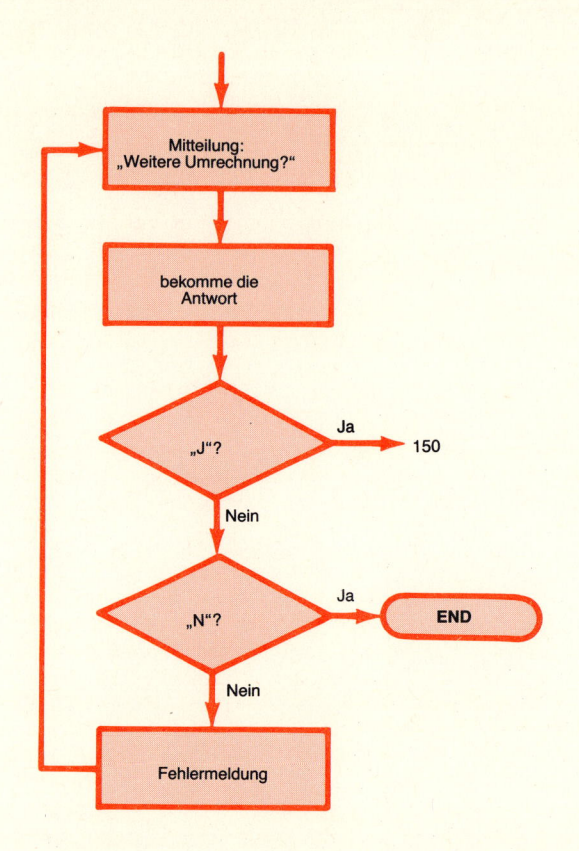

Und nun betrachten wir den rechten Teil des Flußdiagramms aus Abb. 9.1. Hier ist das Gegenstück zu Kästchen 7:

```
520   PRINT "ICH ZEIGE EINE UMRECHNUNGSTABELLE"
530   PRINT "VON PFUND IN KILOGRAMM AN"
540   PRINT "SAG MIR DIE MAXIMALE PFUNDZAHL:";
550   INPUT MAX
```

Und zu Kästchen 8:

```
560   REM MAX MUSS >= 1 SEIN, SONST WIRD ES
          ZURUECKGEWIESEN
570   IF MAX < 1 THEN GOTO 540
```

Aus Gründen der Übersichtlichkeit überspringen wir eine Zeile auf dem Bildschirm, bevor wir die Tabelle drucken:

```
580   PRINT
```

Denke daran, das ist ein leeres PRINT. Es zeigt eine Leerzeile an. Hier ist das Gegenstück zu Kästchen 9:

```
590   PRINT "PFUND", "KILOGRAMM"
```

Beachte, daß wir ein Komma anstelle eines Semikolons verwendet haben, um einen ausreichenden Abstand zwischen den Spalten zu erhalten.

Und hier ist Kästchen 10:

```
600    I = 1
610    PRINT I, I * 0.5
620    I = I + 1
630    IF I <= MAX GOTO 610
```

Und schließlich Kästchen 11:

```
650    GOTO 380
```

Da die Befehle in den Kästchen 6 und 11 identisch sind, vereinfachen wir unser Programm und springen mit GOTO direkt in Kästchen 6.

Hier nun das entsprechende (korrigierte) Flußdiagramm:

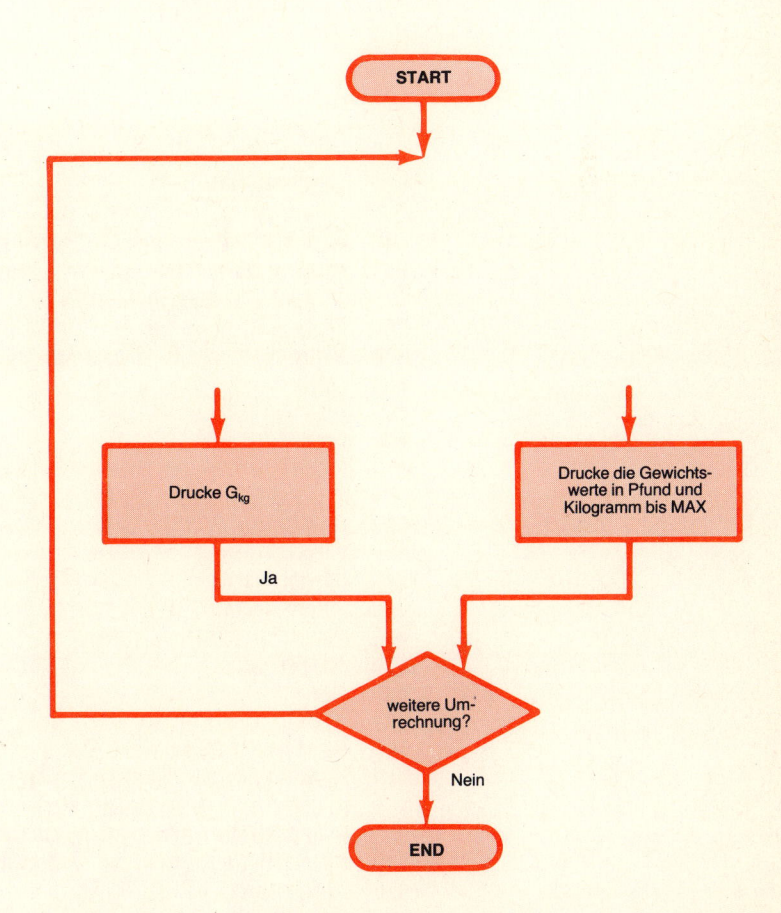

Das vollständige Programm befindet sich auf der nächsten Seite.

```
100 REM***UMRECHNUNG VON PFUND IN KILOGRAMM***
110 REM DIESES PROGRAMM FUEHRT ENTWEDER EINE
    DIREKTE UMRECHNUNG AUS
120 REM ODER ES DRUCKT EINE WERTETABELLE
130 REM GIB ZUNÄCHST DIE UMRECHNUNGSART AN:
    DIREKT ODER TABELLE
140 PRINT "ICH RECHNE PFUND IN KILOGRAMM UM"
150 PRINT "WENN DU DIREKT UMRECHNEN MOECHTEST,
    TIPPE D."
160 PRINT "WENN DU EINE TABELLE HABEN MOECHTEST,
    TIPPE T."
170 PRINT "DEINE WAHL [D ODER T]";
180 INPUT WAHL$
190 IF WAHL$="D" THEN GOTO 300
200 REM ZEILE 300 IST DIREKTE UMKEHRRECHNUNG
210 IF WAHL$="T" THEN GOTO 500
220 REM ZEILE 500 IST TABELLE DRUCKEN
230 REM EINGABE IST UNGUELTIG, WENN ZEICHEN
    NICHT D ODER T
240 PRINT "D ODER T BITTE!"
250 GOTO 170
260 REM
270 REM
300 REM***DIREKTE UMRECHNUNG***
310 PRINT "TIPPE DAS GEWICHT IN PFUND EIN...";
320 INPUT GPFD
330 IF GPFD <0 THEN GOTO 310
340 REM GEWICHT MUSS POSITIV SEIN
350 REM WIR KOENNTEN HIER EINE AUSFUEHRLICHE
    FEHLERMELDUNG GEBEN
360 GKG = GPFD * 0.5
370 PRINT GPFD; " PFUND SIND "; GKG;" KILOGRAMM"
380 REM
390 REM***AUSGANG***
400 PRINT
410 PRINT "WEITERE UMRECHNUNG? J FUER JA,
    N FUER NEIN:";
420 INPUT NOCHMAL$
430 IF NOCHMAL$ = "J" THEN GOTO 150
440 IF NOCHMAL$ = "N" THEN END
450 REM EINGABE WAR NICHT J ODER N
460 PRINT"J ODER N BITTE!"
470 GOTO 380
480 REM
490 REM
500 REM UMRECHNUNG FUER TABELLE
510 REM FRAG DIE OBERE GRENZE AN
520 PRINT "ICH ZEIGE EINE UMRECHNUNGSTABELLE"
530 PRINT "VON PFUND IN KILOGRAMM AN"
540 PRINT "NENNE MIR DIE MAXIMALE PFUNDZAHL: ";
550 INPUT MAX
560 REM MAX MUSS >=1 SEIN, SONST WIRD ES
    ZURUECKGEWIESEN
570 IF MAX <1 THEN GOTO 540
580 PRINT
590 PRINT "PFUND", "KILOGRAMM"
600 I=1
610 PRINT I, I*0.5
620 I=I+1
630 IF I <= MAX GOTO 610
640 REM JETZT IST I > MAX. ENDE DER TABELLE
650 GOTO 380
660 END
```

Einige Verbesserungen sind hinzugefügt worden. Beispielsweise sind der Übersichtlichkeit wegen ein paar REMs eingefügt worden (siehe Zeilen 260, 270, 300, 380, 390, 480, 490, 500).

Noch weitere Verbesserungen wären möglich: z. B. die Befehle 600 bis 630 könnten durch einen FOR...NEXT-Befehl ersetzt werden. Hierdurch würde vielleicht die Lesbarkeit verbessert. Fraglich bleibt, ob der Aufwand sich lohnt, denn jede Änderung, die du in einem funktionierenden Programm durchführst, könnte zu neuen Fehlern führen. Ändere dein Programm nur, wenn sich ein klarer Vorteil ergibt.

Wir haben jetzt ein vollständiges Programm. Probieren wir es doch aus.

Denk daran:
Jede Änderung kann
neue Fehler bringen.

Testen

Jetzt lassen wir das Programm laufen. Hier die eine Version:

```
RUN
ICH RECHNE PFUND IN KILOGRAMM UM
WENN DU DIREKT UMRECHNEN MOECHTEST,TIPPE D.
WENN DU EINE TABELLE HABEN MOECHTEST,TIPPE T.
DEINE WAHL [D ODER T]? D
TIPPE DAS GEWICHT IN PFUND EIN...? 3
3 PFUND SIND 1.5 KILOGRAMM
```

Und hier die andere Möglichkeit:

```
WEITERE UMRECHNUNG? J FUER JA, N FUER NEIN: ?J
WENN DU DIREKT UMRECHNEN MOECHTEST,TIPPE D.
WENN DU EINE TABELLE HABEN MOECHTEST,TIPPE T.
DEINE WAHL [D ODER T] ?T
ICH ZEIGE EINE UMRECHNUNGSTABELLE
VON PFUND IN KILOGRAMM AN
SAG MIR DIE MAXIMALE PFUNDZAHL: ?...4

PFUND        KILOGRAMM
  1            0.5
  2            1
  3            1.5
  4            2
```

Unser Programm scheint sowohl für eine einzelne Umrechnung als auch für eine Tabelle zu funktionieren.

Jetzt nehmen wir es auf den Arm:

```
WEITERE UMRECHNUNG? J FUER JA, N FUER NEIN:?J
WENN DU DIREKT UMRECHNEN MOECHTEST,TIPPE D.
WENN DU EINE TABELLE HABEN MOECHTEST,TIPPE T.
DEINE WAHL [D ODER T]?R
D ODER T BITTE!DEINE WAHL [D ODER T]?D
TIPPE DAS GEWICHT IN PFUND EIN...?7
7 PFUND SIND 3.5 KILOGRAMM
```

Probieren wir die Wiederholungsmöglichkeit aus:

```
WEITERE UMRECHNUNG? J FUER JA,N FUER NEIN:?J
WENN DU DIREKT UMRECHNEN MOECHTEST,TIPPE D.
WENN DU EINE TABELLE HABEN MOECHTEST,TIPPE T.
DEINE WAHL [D ODER T]?D
TIPPE DAS GEWICHT IN PFUND EIN...?85
85 PFUND SIND 42.5 KILOGRAMM

WEITERE UMRECHNUNG? J FUER JA,N FUER NEIN:?J
WENN DU DIREKT UMRECHNEN MOECHTEST,TIPPE D.
WENN DU EINE TABELLE HABEN MOECHTEST,TIPPE T.
DEINE WAHL [D ODER T]?D
TIPPE DAS GEWICHT IN PFUND EIN...?2.5
2.5 PFUND SIND 1.25 KILOGRAMM

WEITERE UMRECHNUNG? J FUER JA, N FUER NEIN:?J
WENN DU DIREKT UMRECHNEN MOECHTEST,TIPPE D.
WENN DU EINE TABELLE HABEN MOECHTEST,TIPPE T.
DEINE WAHL [D ODER T]?D
TIPPE DAS GEWICHT IN PFUND EIN...?3.1
3.1 PFUND SIND 1.55 KILOGRAMM
```

Versuchen wir noch einmal, das Programm hereinzulegen:

```
WEITERE UMRECHNUNG? J FUER JA, N FUER NEIN:?J
WENN DU DIREKT UMRECHNEN MOECHTEST,TIPPE D.
WENN DU EINE TABELLE HABEN MOECHTEST,TIPPE T.
DEINE WAHL [D ODER T]?D
TIPPE DAS GEWICHT IN PFUND EIN...? −5
TIPPE DAS GEWICHT IN PFUND EIN...? □
```

Nun, es sieht so aus, als ob es funktioniert. Du solltest es aber wirklich mehrere Male ausprobieren, bevor du völlig mit ihm zufrieden bist. In diesem Fall sind wir sehr sorgfältig gewesen – und haben außerdem Glück gehabt. Unser Programm hat direkt auf Anhieb funktioniert.

Zusammenfassung

In diesem Kapitel haben wir die komplette Folge von Schritten veranschaulicht, die das Schreiben eines Programmes mit sich bringt, mit dem ein gegebenes Problem gelöst werden soll. Du solltest jetzt das Buch zumachen, dein eigenes Flußdiagramm schreiben und es in ein funktionierendes Programm übertragen.
Der Schlüssel zum erfolgreichen Programmieren ist die Übung.

Übungen

9-1: Erweitere dieses Programm um die Möglichkeit, von Kilogramm in Pfund umzurechnen.

9-2: Erweitere das Programm, um noch folgende Umrechnungen durchzuführen:
   a) qm in qcm (1 qm = 10000 qcm)
   b) Liter in Hektoliter (1 hl = 100 l)
   c) Barrel (Hohlmaß für Erdöl) in Liter (1 barrel = 159 l)
   d) Ar in Hektar (1 ha = 100 Ar)

9-3: Erweitere das Programm, um Temperatur-Umrechnungen zu machen:
C = (F − 32) *5/9
F = (9/5 * C − 32

9-4: Mache weitere Vorschläge, um die Übersichtlichkeit unseres endgültigen Programms zu verbessern.

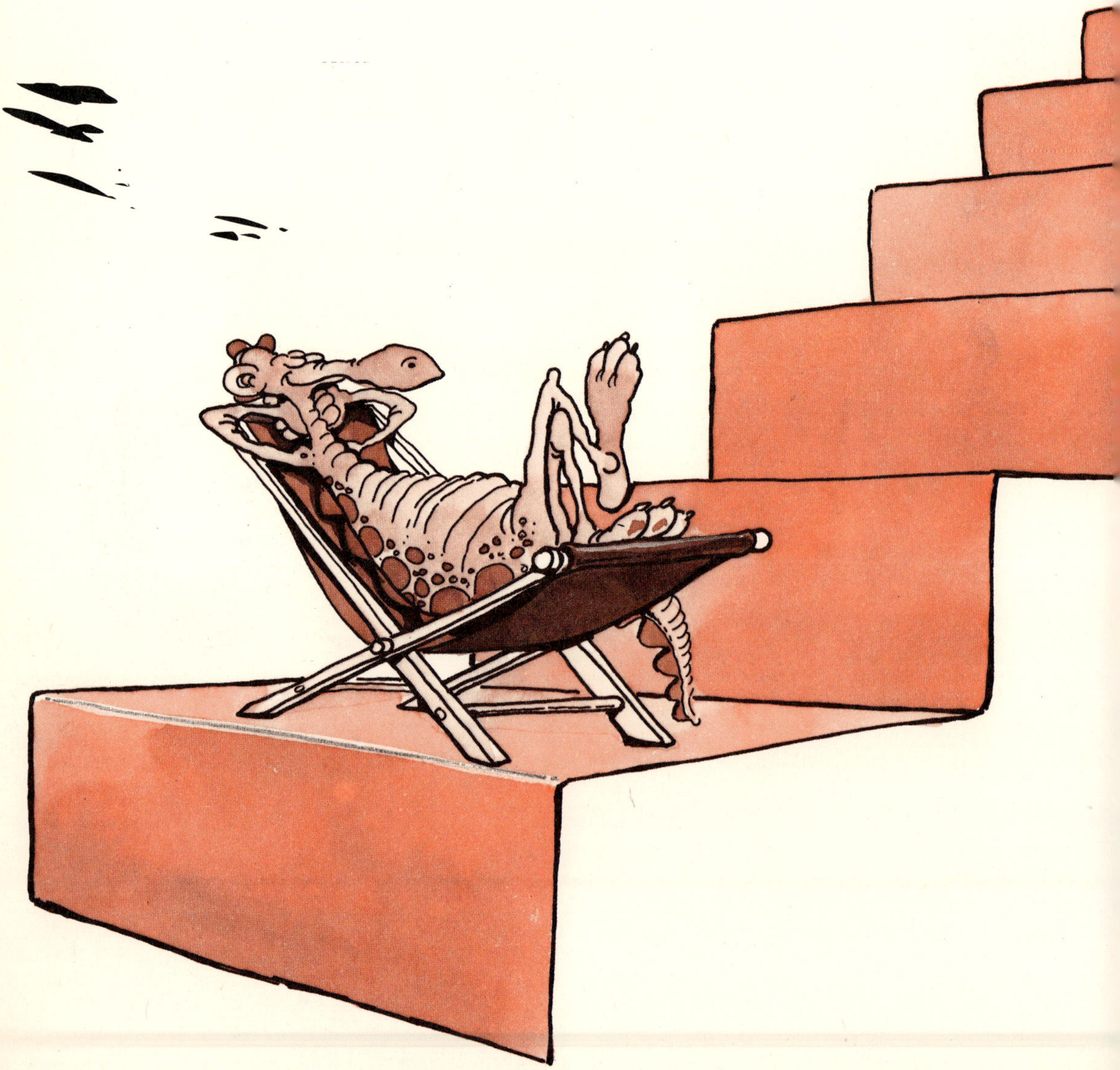

Der nächste Schritt

10

Du hast nun gelernt, wie du deine eigenen BASIC-Programme schreiben kannst. In diesem Kapitel werden wir den nächsten Schritt untersuchen, den du tun kannst, um deine Programmierfähigkeiten zu verbessern. Wir werden kurz Rückschau halten auf das, was du mit BASIC machen kannst, und dann die zusätzlichen Fertigkeiten und Methoden beschreiben, die dir helfen können, leichter komplizierte Programme zu schreiben.

Was du mit BASIC tun kannst

Du kannst ein BASIC-Programm schreiben, das selbständig die meisten Aufgaben erledigt, es sei denn, sie erfordern sehr genaue mathematische Berechnungen, schwierige Entscheidungsprozesse oder sehr schnelle Antworten (wie etwa Echtzeit-Prozeßsteuerung). Du wirst herausfinden, daß BASIC sich gut für einfache geschäftliche Anwendungen eignet, wie etwa Bearbeitung von Daten, Postversandlisten und gebräuchliche finanzielle Berechnungen. Mit Erweiterungen der Sprache ist BASIC auch gut für Grafik und Spiele geeignet.

Andere typische Anwendungsgebiete von BASIC schließen unter anderem computerunterstützten Unterricht, Verwaltung von Personal- und Geschäftsakten sowie mathematische und technische Berechnungen mit begrenzter Genauigkeit ein. Die Anwendungsmöglichkeiten werden meistens durch die eigenen Programmierfähigkeiten begrenzt.

Mit dem bisher erworbenen Wissen solltest du in der Lage sein, eine bunte Vielfalt von BASIC-Programmen zu schreiben. Sowie du jedoch weiterkommst, möchtest du deine Fähigkeiten verbessern und leistungsfähigere und bequemere Programmierwerkzeuge verwenden. Das ist der Inhalt des nächsten Abschnitts.

Wir lernen dazu

Du kannst drei wesentliche Schritte unternehmen, um deine Fertigkeiten in BASIC zu verbessern:

1. Übe fleißig.
2. Eigne dir ein besseres Wissen über die vollständigen Möglichkeiten deiner speziellen BASIC-Version an.
3. Lerne weitere Programmierverfahren.

Wir wollen uns die einzelnen Schritte der Reihe nach ansehen.

Verbessere deine Fertigkeiten.

Übung macht den Meister!

Mehr Übung

Der Schlüssel zu wirkungsvollem Programmieren liegt in der Übung: Schreibe so viele Programme wie möglich und bringe sie zum Laufen. Entwickle gute Programmiergewohnheiten, indem du den Empfehlungen folgst, die in diesem Buch vorgestellt werden. Wenn deine Programme durchweg nach ein paar Versuchen funktionieren, bist du höchstwahrscheinlich auf dem richtigen Weg, ein disziplinierter und effektiver Programmierer zu werden. Wenn sie nicht funktionieren, achte auf deine Angewohnheiten und lies vielleicht Teile dieses Buches noch einmal, und vor allem: Übe noch ein bißchen mehr. **Denke daran:** Ein guter Programmierer wirst du nur, wenn du diese Kunst an vielen Programmen übst. Dieses Buch will dir den Einstieg erleichtern, aber es kann niemals die tatsächliche Erfahrung ersetzen.

Spezielle BASIC-Möglichkeiten

Jeder BASIC-Interpreter ist mit speziellen Fähigkeiten versehen, einschließlich Befehlen, Kommandos, Abkürzungen, Erweiterungen zum „Standard BASIC" (wie etwa Grafik und Ton) und einer Arbeitsumgebung (einschließlich Disketten- oder Kassettenspeicher, Kommandos, Datei-Einrichtungen, einem Editorprogramm und vielem mehr). Du kannst deine Programmierfähigkeiten bereichern, indem du diese zusätzlichen Möglichkeiten und Einrichtungen kennenlernst. Im nächsten Abschnitt werden wir die zusätzlichen BASIC-Befehle beschreiben, die sich in den meisten Interpretern finden. Grafik, Ton und Dateien sind speziell auf deinen Computer und deinen Interpreter zugeschnitten. Du wirst weiterkommen, wenn du etwas über diese Erleichterungen lernst.

Weitere Methoden

Wenn du erst einmal längere Programme (sagen wir, länger als eine Seite) entwickelst, möchtest du gerne die üblichen Methoden lernen, um häufig vorkommende Probleme zu lösen, wie etwa Buchungen ordnen und sortieren, Daten formatieren, mit Dateien umgehen und Datenstrukturen errichten. Diese Themen werden in Programmierbüchern behandelt.

Mehr BASIC

Jeder BASIC-Interpreter bietet einen halbwegs „standardisierten" Satz von Möglichkeiten an, plus vieler Erweiterungen, die speziell dieser Interpreter besitzt. Die üblichen Möglichkeiten, die die meisten BASIC-Interpreter anbieten, schließen alles ein, womit wir uns bisher befaßt haben, und darüber hinaus noch sechs weitere Arten von Befehlen. Wir werden einen kurzen Überblick über jede dieser zusätzlichen Arten geben. Du möchtest sie vielleicht selbst oder mit Hilfe eines fortgeschrittenen Buches studieren. Das sind sie:

1. Funktionen:

Funktionen sind entweder *eingebaute* oder *benutzerdefinierte* Ausdrücke, die mit einer gegebenen Variablen arbeiten und bestimmte Berechnungen oder Tätigkeiten ausführen. BASIC ist immer mit einigen eingebauten Funktionen versehen (wie etwa ABS, COS, EXP, INT, FIX, RND, SGN, SIN, SQR oder TAN). Diese Funktionen führen automatisch häufig vorkommende Aufgaben aus.

Studiere fleißig!

Zusätzliche Funktionen können vom Benutzer definiert werden. Untersuchen wir doch ein paar typische eingebaute Funktionen:

▶ Die INT-Funktion berechnet den ganzzahligen Teil einer Dezimalzahl, indem sie den Dezimalteil der Zahl fallen läßt. Beispielsweise ergibt INT(1.234) den Wert 1.

▶ Auf ähnliche Weise berechnet ABS den absoluten Wert. Beispielsweise ist ABS(−5.2) gleich 5.2.

▶ Die SQR-Funktion berechnet die Quadratwurzel einer Zahl. SQR(4) ergibt z. B. den Wert 2.

Welche Funktionen können nun vom Benutzer definiert werden? Eine benutzerdefinierte Funktion ist im wesentlichen eine vom Anwender geschriebene Formel, die einen Namen hat, mit einer Variablen arbeitet und viele Male im Programm verwendet werden kann. Jedesmal wenn die Funktion benutzt wird, wird die Formel mit dem laufenden Wert der Variablen ausgerechnet. Das ist eine sehr bequeme Kurzschreibweise.

Hier ist ein Beispiel einer benutzerdefinierten Funktion, die 2 Prozent von X ausrechnet:

```
10   DEF FNA(X) = X * 2/100
```

Folgendermaßen ist diese Funktion zu benutzen:

```
20   PRINT FNA(50)
```

Dies druckt den Wert 1.

Schauen wir uns doch diesen Befehl genauer an. FN bedeutet Funktion. FNA ist die Funktion A, d. h. der Name der Funktion. X ist die „formale" Variable. X hat keinen Wert, wenn die DEFinition geschrieben wird. Der tatsächliche Wert oder die tatsächliche Variable wird für X erst dann eingesetzt, wenn die Funktion benutzt wird, wie beispielsweise in FNA(50).

2. Unterprogramme:
Ein Unterprogramm ist eine Reihe von Befehlen innerhalb eines BASIC-Programms, die ihren eigenen Namen hat und die du wiederholt benutzen kannst, indem du einfach ihren Namen schreibst. Jedesmal wenn der Name des Unterprogramms im Hauptprogramm benutzt wird, werden alle Befehle innerhalb des Unterprogramms ausgeführt. Unterprogramme sind angenehm, wenn du einen Programmteil wiederholt ausführen möchtest, ohne jedesmal die Befehle im Programm wiederholen zu müssen, die dafür erforderlich sind.

Hier ist ein Beispiel für ein Unterprogramm:

```
500   REM DAS IST UNTERPROGRAMM MITTELWERT
510   PRINT "ICH BERECHNE DEN MITTELWERT VON A und B"
520   PRINT "A = ";A; "B = "; B
530   MWERT=(A+B)/2
540   PRINT "DER MITTELWERT IST"; MWERT
550   RETURN
```

Angenommen, du hast A und B Werte zugewiesen, dann kannst du dieses Unterprogramm mit einem Befehl wie

    50   GOSUB 500

aufrufen. Es kann dann später in dem Programm mit einem Befehl wie

    170   GOSUB 500

benutzt werden und ergibt einen anderen Wert, wenn A und B anders sind. Wenn du Unterprogramme verwendest, machst du dein Programm klarer, hältst es kürzer und sparst Zeit. Du kannst auch eine Bibliothek mit gebräuchlichen Unterprogrammen aufbauen und sie dann in verschiedenen Programmen benutzen. Sei jedoch vorsichtig mit Variablennamen und Befehlsnummern!

3. Zeichenfolge-Operatoren:
Zeichenfolge-Operatoren gestatten dir, auf bequeme Weise Text zu handhaben, indem du mit einzelnen Zeichen arbeitest. Operationen mit Zeichenfolgen umfassen Verändern, Messen, Zusammenfügen, Abtrennen, Einsetzen eines Textes links, rechts oder an beliebiger Stelle, Ersetzen von Zeichen oder von Zeichenfolgen. Diese Operatoren sind nützlich für Anwendungen in der Textverarbeitung.

4. Datenstrukturen:
BASIC läßt indizierte Variablen mit einem oder zwei Indizes zu. Diese Variablen entsprechen mathematischen Vektoren und Matrizen oder Feldern. Indizierte Variablen gestatten dir, so etwas wie strukturierte Listen aufzubauen und dann in praktischer Weise auf irgendein Element dieser Liste Bezug zu nehmen. Beispielsweise kannst du dich auf die Elemente der Liste KUNDE so beziehen: KUNDE (1), KUNDE (2) usw., und du kannst alle zehn Werte ausdrucken, indem du schreibst:

    50   FOR N = 1 TO 10
    60   PRINT KUNDE (N)
    70   NEXT N

Du kannst zwei aufeinanderfolgende Elemente vergleichen, wenn du schreibst:

    100   IF KUNDE (K) < KUNDE (K + 1) THEN 500

Das ist eine große Annehmlichkeit.

5. Dateien:
Jedes Disketten-BASIC verfügt über Möglichkeiten, um Daten auf Diskettendateien zu speichern und/oder Daten von Diskettendateien zurückzubekommen. Diese Möglichkeiten sind ganz speziell auf deinen Computer und deinen Interpreter zugeschnitten und werden in der Beschreibung des Herstellers dargestellt.

6. Zusätzliche Möglichkeiten:
Zusätzliche typische Möglichkeiten, die im allgemeinen in guten BASIC-Interpretern vorhanden sind, beinhalten auch folgende Befehle: ON...GOTO, READ...DATA und PRINT USING. Du solltest diese Einrichtungen mit Hilfe des Anleitungsbuches für deinen Interpreter oder eines anderen Buches untersuchen, weil dadurch das Programmieren erleichtert wird.

Außerdem könnten Kurzschreibweisen vorhanden sein; beispielsweise könnte es sein, daß du tippen darfst:

? 25 * 32

und du somit eine angenehme Möglichkeit zur Verfügung hast, deinen Computer als Taschenrechner zu benutzen.

Weiterhin könnte das Rechnen mit doppelter Genauigkeit die Rechenergebnisse verbessern, und es könnte Tabulationsmöglichkeiten (TAB) geben, die das Aufstellen von Tabellen erleichtern.

Denke schließlich noch daran, daß es sowohl spezielle Interpreter-Kommandos gibt, um Grafiken zu erstellen, Töne zu erzeugen und das Editieren zu erleichtern – beispielsweise gibt es Kommandos, mit denen du Programme und die Dateien, die es erzeugt, verändern kannst – als auch Hilfen, um Programme laufen zu lassen und Fehler zu suchen. Solche Möglichkeiten umfassen Bildschirmkontrolle, das Setzen von Punkten, an denen das Programm automatisch stehenbleibt, das Nachverfolgen von Werten ausgesuchter Variablen während der Programmausführung und das Verringern oder Vergrößern der Geschwindigkeit deiner Anzeige.

Schlußwort

Die Absicht dieses Buches war es, dir schnell und effektiv beizubringen, wie du deine ersten BASIC-Programme schreiben kannst. Wenn du wirklich Interesse an BASIC gefunden hast, möchtest du jetzt mehr lernen. Dein nächster Schritt sollte sein, alle Übungsaufgaben durchzuarbeiten und ein paar eigene Programme zu entwickeln.

Je mehr du vorankommst, möchtest du sicher fortgeschrittene Möglichkeiten kennenlernen. Eine Liste mit Programmierbüchern findest du am Ende dieses Kapitels.

Ich hoffe, du stimmst mir zu, daß sich BASIC leicht und amüsant erlernen läßt, und ich hoffe, daß du jetzt weitermachen und noch mehr lernen möchtest. Ich würde mich freuen, von dir zu hören, wenn du irgendwelche Vorschläge für Verbesserungen dieses Buches hast.

Anhang A

Antworten zu ausgewählten Übungen

2

2-2:

```
10   PRINT "AAAAA"
20   PRINT "BBBB"
30   PRINT "CCC"
40   PRINT "DD"
50   PRINT "E"
```

2-4: **a.** In BASIC muß eine Zeilennummer vor jedem Befehl stehen, der Bestandteil eines Programms ist.

b. Der verzögerte Ausführungsmodus ist der normale Modus, in dem ein Programm eingegeben wird. BASIC-Befehle werden mit Zeilennummern eingetippt und zur späteren Ausführung im Computer abgespeichert.

c. Sofortige Ausführung ist der Modus, in welchem ein Befehl ohne Zeilennummer eingetippt und direkt ausgeführt wird. Dieser Modus wird auch Taschenrechnermodus genannt.

d. Ein leerer Befehl ist ein Befehl, der nichts tut. Er ist üblicherweise eine Zeilennummer, die alleine steht — ohne irgend etwas anderes in der gleichen Zeile — oder nur mit einem REM zusammen.

e. Ein Cursor ist ein spezielles, sichtbares Symbol auf dem Bildschirm (wie etwa ein Quadrat oder eine Unterstreichung), das dir die laufende Position anzeigt. Im allgemeinen blinkt er, um die Sichtbarkeit zu verbessern.

f. Die CONTROL- oder CTRL-Taste erteilt ein bestimmtes Kommando, wenn sie zusammen mit einer alphabetischen Taste gedrückt wird. CONTROL-Tasten erleichtern es, dem Computer häufig benutzte Kommandos zu geben, da nur zwei Tasten gedrückt werden müssen.

g. Eine Zusatztastatur ist im allgemeinen ein kleiner Satz von besonderen Tasten, rechts neben der Haupttastatur angeordnet. Sie wird für numerische Berechnungen und Cursorsteuerung verwendet.

h. Schlüsselwörter sind Namen, die eine bestimmte Bedeutung in BASIC haben. Sie dürfen vom Programmierer nicht als Variable benutzt werden.

i. Ein Bereit-Zeichen ist ein Zeichen oder eine Nachricht, die vom Programm erzeugt wird und angibt, daß das Programm die Eingabe einer Information vom Benutzer erwartet. Die meisten BASIC-Versionen verwenden ein Bereit-Zeichen, wie etwa „>", was soviel wie „tippe deinen nächsten Befehl ein" heißt. Das „?" bedeutet „gib mir eine Eingabe".

2-6: Ja, aber das ist wahrscheinlich eine mühsame Methode, weil du die Befehle wieder eintippen mußt, wenn du das Programm noch einmal starten möchtest. Außerdem funktionieren bedingte Sprünge (werden später behandelt) nicht ordentlich, wenn du sie auf diese Weise eintippst.

2-8: Ja, BASIC setzt jeden Befehl auf dem richtigen Platz innerhalb des Programms ein, so daß alle Zeilen in numerischer Reihenfolge erscheinen.

2-10: Nein, du mußt tippen:
PRINT "BEISPIEL"

2-12: Um Befehl 20 in einem Programm zu löschen, mußt du einen leeren Befehl mit der Zeilennummer 20 eintippen.

3

3-2: PRINT 1 + (1 / 2) * (1 / (1 + (1 / 2)))
oder
PRINT 1 +.5 / (1 + .5)

3-4: PRINT 40000 / 24

3-6: PRINT 350 / 55

4

4-1:
```
10   INPUT A, B, C, D
20   SUMME = A + B + C + D
30   MWERT = SUMME/4
40   PRODUKT = A * B * C * D
50   PRINT SUMME, MWERT, PRODUKT
60   END
```

4-2: a. nein   e. ja   i. ja
b. ja   f. ja   j. nein
c. nein   g. nein   k. ja
d. ja   h. nein   l. ja

4-4:
```
10 PRINT "NENNE DIE NAMEN DER SACHEN";
20 INPUT S$
30 PRINT "NENNE MIR DEN NAMEN DES MOEBEL";
40 INPUT M$
50 PRINT "WIE HEISST DEIN FREUND?";
60 INPUT N$
70 PRINT
80 PRINT "HAT DEIN FREUND "; N$, " EINIGE "; S$;
   " AUF DEM ODER DER "; M$
90 END
```

4-6: b, c, und f sind zulässig.

5

5-2:
a. ja d. ja
b. ja e. nein
c. ja f. nein

5-4:
```
INPUT "DEIN NAME:"; NAME$
INPUT "WIEVIEL IST 2 + 3 ?"; C
INPUT "DIE LETZTEN BEIDEN ZAHLEN SIND ..."; A, B
```

5-6: A = 3

6

6-1: Der IF-Befehl gestattet dem Programm, Entscheidungen zu treffen und somit sein Verhalten gemäß Veränderungen der Eingabedaten oder berechneter Werte zu verändern.

6-3:
a. ja   e. nein
b. ja   f. ja
c. ja   g. ja
d. ja

6-4: Ja

6-5: Eine Programmschleife führt wiederholt einen Teil eines Programms aus. Um Endlosschleifen (eine Schleife, die niemals aufhört) zu vermeiden, solltest du immer einen Test in der Schleife ausführen, der dem Programm — wenn erfolgreich — erlaubt, aus der Schleife herauszuspringen.

7

7-2:
```
10   INPUT "STUNDEN,MINUTEN :"; STUNDEN, MINUTEN
20   REM EINGABE UEBERPRUEFEN
30   IF STUNDEN >=0 AND STUNDEN <72 AND MINUTEN
         >=0 AND MINUTEN <60 THEN 70
40   PRINT"FALSCH,VERSUCH ES NOCH EINMAL"
50   GOTO 10
60   REM DRUCKE EINE ZEILE MIT STUNDEN
70   IF STUNDEN = 0 THEN 110
80   FOR A=1 TO STUNDEN
90   PRINT "S";
100  NEXT A
110  PRINT
120  REM DRUCKE EINE ZEILE MIT MINUTEN
130  IF MINUTEN = 0 THEN 170
140  FOR A=1 TO MINUTEN
150  PRINT "M";
160  NEXT A
170  PRINT
180  END
```

7-4: Du kannst in eine Schleife springen, die nicht mit einem FOR...NEXT-Befehl läuft.

7-6:
```
10   PRINT"PROGRAMM UM UNGERADE ZAHLEN ZU ADDIEREN"
20   PRINT"BIS ZU EINEM VOM ANWENDER ANGEGEBENEN WERT"
30   INPUT"HOECHSTE UNGERADE GANZE ZAHL"; MAX
40   REM UEBERPRUEFEN DER EINGABE
50   REM INT(MAX/2) <> MAX/2 PRUEFT, OB MAX UNGERADE
         IST — SIEHE KAP. 10
60   IF MAX >0 AND MAX <10000 AND INT(MAX/2)
         <MAX/2 THEN 90
70   PRINT"UNZULAESSIGE ZAHL...VERSUCH ES NOCH EINMAL"
80   GOTO 30
90   REM ERSTELLE DIE TABELLE
100  PRINT"ZAHL", "SUMME"
110  PRINT
120  FOR N=1 TO MAX STEP 2
130  SUMME = SUMME + N
140  PRINT N, SUMME
150  NEXT N
160  END
```

7-8:
```
10   INPUT"MEHRWERTSTEUERSATZ IN PROZENT "; MWST
20   IF MWST <1 OR MWST >100 THEN 10
30   PRINT"PREIS", "MWST", "PREIS + MWST"
40   FOR PREIS = 1 TO 100
50   PRINT PREIS, PREIS * MWST/100, PREIS+PREIS*MWST/100
60   NEXT PREIS
70   END
```

8

8-2: Kodieren ist ein Schritt des Programmierens. Programmieren umfaßt den Entwurf eines Algorithmus, Erstellen eines Flußdiagramms, Kodieren, Testen und Dokumentieren.

8-4: Eine Variable wird verfolgt, indem du an kritischen Stellen in dem Programm PRINT-Befehle einfügst, um den Wert der Variablen anzuzeigen. Manchmal verfügt der Interpreter über ein TRACE-Kommando, um so etwas zu erleichtern.

8-6: Ein Flußdiagramm ist eine symbolische Darstellung, die die Folge von Ereignissen angibt, so wie sie während der Programmausführung auftritt.

8-8: Klar geschriebene Programme sind leicht zu verstehen und somit leicht zu ändern. Das erlaubt sowohl dem Programmierer, der das Programm erstellt hat, als auch anderen Programmierern, Änderungen leicht durchzuführen.

Anhang B

Gebräuchliche BASIC-Schlüsselwörter

Diese Liste hilft dir, unzulässige Variablennamen zu vermeiden, selbst wenn einige dieser Wörter nicht von deinem Interpreter belegt sind.

ABS	DEFUSR	INPUT	OPEN	SAVE
AND	DELETE	INSTR	OR	SET
ARCCOS	DIM	INT	OUT	SGN
ARCSIN	DSP	KILL	PAUSE	SIN
ARCTAN	EDIT	LEFT$	PEEK	SLOW
AT	ELSE	LET	PLOT	SQR
AUTO	END	LSET	POINT	STEP
BREAK	ENTER	LEN	POKE	STOP
CALL	EOF	LINE	POP	STRING$
CHR$	ERR	LIST	POS	STR$
CLEAR	ERROR	LN	POSN	TAB
CLOCK	EXP	LOAD	POWER	TAN
CLOSE	FIELD	LOC	PRINT	TEXT
CLS	FIX	LOG	PUT	THEN
COLOR	FN	LPRINT	RANDOM	TIME$
CON	FOR	MEM	READ	TO
CONT	FORMAT	MERGE	REM	TRACE
COPY	FREE	MID$	RENAME	TROFF
COS	FUNCTION	MKD$	RESET	TRON
DATA	GET	MKI$	RESTORE	UNPLOT
DATE	GOSUB	MKS$	RESUME	USING
DEFDBL	GOTO	NEW	RETURN	USR
DEFFN	GRAPHICS	NEXT	RIGHT$	VAL
DEFOMT	HUN	NOT	RND	VARPTR
DEFSNG	IF	ON	RSET	VERIFY
DEFSTR	INKEY$		RUN	VLIN
	INP			VTAB

Anhang C

BASIC-Wörterbuch

Algorithmus: Eine Folge von Schritten, die die Lösung eines Problems genau angibt.

alphanumerisch: Zusammenfassung von Buchstaben und Zahlen.

Ausdruck: Eine Kombination von Operanden oder Variablen, die durch Operatoren getrennt sind. Ein Ausdruck stellt eine Formel dar und führt eine bestimmte Berechnung aus. Wenn ein Ausdruck vom Interpreter zur Programmlaufzeit ausgerechnet wird, ergibt er einen Wert.

BASIC: Beginners All-Purpose Symbolic Instruction Code (= Symbolischer Allzweckcode für Anfänger). Eine höhere Programmiersprache, die für Ausbildungszwecke entwickelt wurde und leicht erlernbar ist.

Betriebssystem: Ein Verwaltungsprogramm, das umfassende Möglichkeiten zum Datentransport und zur Datenverarbeitung bereitstellt. Es dient zur Verwaltung der verschiedenen Geräte und Einheiten des Computersystems. Es bewerkstelligt Formatübertragungen, verwaltet Disketten- bzw. Platteneinheiten und betreut auch den Programmlauf.

binär: Ein Zahlensystem, das nur zwei Ziffern verwendet: 0 und 1.

Bit: Eine Zusammenfassung der Wörter „binäre Ziffer" (**bi**nary digi**t**). Ein Bit kann den Wert 0 oder 1 annehmen.

Byte: Eine Gruppe von acht Bits.

Chip: Ein integrierter Schaltkreis, der sich, auf einem Plastik- oder Keramikträger montiert, in einem kleinen Siliziumquadrat befindet.

Computer: Eine Zusammenfassung von wenigstens einer zentralen Verarbeitungseinheit, einem Speicher, Standard-Interfacekarten, die die Verbindung mit der Außenwelt ermöglichen, und einer Stromversorgung. Diese Zusammenfassung kann außerdem eine Tastatur, einen Bildschirm und Diskettenlaufwerke enthalten. Ein Computer ist in der Lage, Programme zu speichern und sie auszuführen. Er verständigt sich mit Hilfe von Ein/Ausgabegeräten mit der Außenwelt. Das übliche Eingabegerät ist die Tastatur. Das übliche Ausgabegerät ist der Bildschirm, und es kann auch der Drucker sein. Zusätzlicher Speicherplatz steht üblicherweise in Form von Disketteneinheiten oder Kassettenrecordern zur Verfügung.

CPU: Zentrale Verarbeitungseinheit (central processing unit). Ein elektronisches Modul, das für das Herauslesen, Dekodieren und Ausführen der im Speicher abgespeicherten Befehle in der richtigen Reihenfolge verantwortlich ist. Bei den meisten kleinen Computern befinden sich die CPU und der Speicher auf einer einzigen Platine oder „Karte". Die CPU umfaßt normalerweise einen Mikroprozessorchip und ein paar andere Bestandteile.

CRT: Kathodenstrahlröhre (cathode ray tube). Ein fernsehähnlicher Bildschirm.

Cursor: Ein Symbol, das benutzt wird, um die laufende Position anzuzeigen, auf der ein Zeichen auf dem Bildschirm wiedergegeben wird. Ein Cursor ist häufig ein blinkendes Quadrat oder eine Unterstreichung. Es sind im allgemeinen besondere Tasten vorhanden, um den Cursor bequem auf dem Bildschirm zu bewegen.

Datei: Eine Sammlung von Informationen, der ein Name gegeben worden ist. Ein Programm wird gewöhnlich auf Diskette als Datei gespeichert.

Daten: Beliebiger Text oder Zahlen, mit denen ein Programm arbeiten kann.

Disketten: Ein magnetisches Medium, mit dessen Hilfe Daten und Programme gespeichert werden können. Auf Disketten sind Informationen in Dateien organisiert, die unter ihrem Namen wiedergefunden werden können. Disketten können eine große Anzahl von Daten speichern und sind ein weitverbreitetes Massenspeichermittel in Verbindung mit kleinen Computern.

Diskettenlaufwerk: Der Mechanismus, um von einer Diskette zu lesen oder auf sie zu schreiben.

Doppelte Genauigkeit: Die Zahlen haben doppelt so viele Stellen wie in der normalen Darstellung. Jeder Interpreter stellt Zahlen mit einer festgesetzten Anzahl von Stellen dar. Doppelte Genauigkeit ist gewöhnlich für wissenschaftliche oder wirtschaftliche Berechnungen erforderlich, die mit großen Zahlen oder ausgedehnten Berechnungen verbunden sind.

Editor: Ein Programm, das die Eingabe und die Veränderung von Text vereinfacht. Wird benutzt, um Fehler zu entfernen oder Änderungen im Programm durchzuführen.

Eingebaut: Ein Programm, das permanent im Speicher sitzt, heißt eingebaut.

Endlosschleife: Eine Schleife, die keinen Ausgang hat und ewig weiterläuft. Das ist ein häufiger Fehler von Programmierern, wenn die Schleife keine Testbedingung enthält oder der Test immer erfolgreich ist (oder immer fehlschlägt). Um aus einer Endlosschleife herauszukommen, mußt du ein spezielles Abbruchzeichen geben – häufig CTRL C.

Fehler: sollten verhindert, anstatt kuriert werden.

Festkommazahl: Eine Integerzahl, d.h. ganze Zahl, bei der der Dezimalpunkt rechts von der letzten Ziffer steht.

Flußdiagramm: Symbolische Darstellung eines Algorithmus.

Gleitkommazahl: Eine Zahl mit Dezimalpunkt. Intern wird eine feste Stellenzahl benutzt. Im Laufe der Berechnungen kann sich die Position des Dezimalpunktes je nach Ergebnis nach links oder rechts verschieben.

Grafik: Bilder, Figuren oder Zeichnungen, die auf dem Bildschirm dargestellt werden, im allgemeinen unter Verwendung eines Schemas von Punkten. Die Verwendung von Farben verbessert das Erscheinungsbild von Grafiken.

Hardware: Die Ausstattung, einschließlich des Computers, der Disketten und der anderen Dinge, die ein Computersystem ausmachen. Im Gegensatz dazu: Software (d.h. die Befehle oder das Programm).

Höhere Sprache: Eine Programmiersprache, die hilft, dem Computer Befehle zu erteilen. BASIC ist eine höhere Sprache.

IC: Ein integrierter Schaltkreis (integrated circuit). Ein elektronischer Schaltkreis mit vielen Transistoren und logischen Funktionen, der auf einem kleinen Stück Silizium verwirklicht ist.

Interface: Eine elektronische Schaltung, die die Verbindung spezieller Geräte mit dem Computer gestattet. Eine Diskette, ein Drucker und ein Recorder erfordern besondere Interfaces.

Interpreter: Das Programm, das für das Übersetzen von Befehlen einer Programmiersprache (sagen wir BASIC) in die Binärsprache des Computers zuständig ist und die Befehle ausführt. Sobald der Interpreter auf deinem Computer läuft, sieht es so aus, als ob der Computer BASIC-Befehle versteht.

I/O: Input/Output (Eingabe/Ausgabe), d. h. die Verständigung mit dem Computer.

K: 1024, „K" oder Kilo gelesen. K wird benutzt, um die Speichergröße anzugeben, gewöhnlich in Bytes.

Kodieren: Das Umwandeln eines Algorithmus oder eines Flußdiagramms in eine Folge von Programmbefehlen. Das ist einer der Schritte des Programmiervorgangs.

Kommando: Ein Schlüsselwort, das benutzt wird, um bestimmte Arbeiten auszuführen, wie etwa Bildschirm löschen, ein Programm starten oder auf Dateien zugreifen. Wenn du ein Kommando angibst, startest du ein spezielles Programm innerhalb des Computers, das die Arbeit ausführt.

Laden: Das Übertragen von Daten oder einem Programm in den internen Speicher des Computers.

Leerer Befehl: Ein Befehl, der nichts tut. Beispielsweise kann der Befehl

    10 REM

benutzt werden, um Platz in einem Programm vorzusehen und um die Lesbarkeit zu verbessern.

Logisch: Eine Variable oder ein Ausdruck mit dem Wert wahr oder falsch.

Logischer Ausdruck: Eine Kombination von Operanden oder Variablen, die durch Vergleichsoperatoren (=, > usw.) getrennt sind. Ein logischer Ausdruck kann entweder den Wert wahr oder falsch haben.

Maschinensprache: Die Binärsprache, die der Computer direkt versteht, d. h. ein begrenzter Satz von Befehlen, der binäre Informationen in der CPU und im Speicher bearbeitet.

Mikrocomputer: Ein Computer, der einen Mikroprozessor als zentrale Verarbeitungseinheit benutzt.

Mikroprozessor: Ein integrierter Schaltkreis, der die meisten Funktionen einer CPU auf einem einzigen Chip ausführt. Ein gegenwärtiger Mikroprozessor enthält häufig Zehntausende von Transistoren auf einem einzigen Chip und manchmal sogar noch Teile des Speichers.

Monitor: Ein kleines Programm, das erforderlich ist, um mit einem Computersystem zu arbeiten. Der Monitor liest Zeichen von der Tastatur, zeigt sie auf dem Bildschirm an und führt die wesentlichen Datenübertragungen zwischen Tastatur, Bildschirm und üblichen Peripheriegeräten aus.

MPU: Mikroprozessoreinheit (microprozessor unit), ein Chip.

Nachladbar: Ein Programm, das normalerweise nicht im Permanentspeicher (ROM) des Rechners eingebettet ist. Nachladbare Programme werden üblicherweise von Kassette oder Diskette geholt.

Operator: Ein Symbol, das eine zulässige Operation mit Zahlenwerten darstellt (d. h. + (Plus), ∗ (mal) usw.)

Peripherie: Hierzu zählen alle Geräte, die von außen an den Computer angeschlossen werden.

Programm: Eine Folge von Befehlen, die vom Computer ausgeführt werden soll. Jedes Programm wird in einer besonderen Computersprache geschrieben und muß in den Computerspeicher geladen werden, damit es ausgeführt werden kann.

RAM: Random access memory (beliebiger Zugriffsspeicher). Der Schreib-/Leseteil eines Computerspeichers (der Rest ist ROM).

ROM: Read only memory (Nur-Lesespeicher). Dieser Speicher kann nicht vom Programmierer verändert werden. Er enthält im allgemeinen den Monitor, entwede in Teilen oder vollständig, und manchmal einen einfachen BASIC-Interpreter.

RUN: Dieses Kommando startet die Ausführung eines BASIC-Programms.

Schleife: Eine Folge von Programmbefehlen, die so lange wiederholt ausgeführt wird, bis ein bestimmtes Ereignis eintritt, normalerweise bis eine Variable einen vorgegebenen Wert erreicht.

Schlüsselwort: Ein Wort, das eine vorher festgelegte Bedeutung für den BASIC-Interpreter hat. Es darf vom Programmierer nicht als Variablenname benutzt werden.

Software: Das Programm.

Speicher: Ein Medium, das Daten und Informationen über längere Zeit aufbewahren kann. Normalerweise befindet sich der Hauptspeicher des Rechners zusammen mit der CPU auf einer Platine. Kassetten und Disketten gelten als Massenspeicher, da sie große Datenmengen speichern können.

Sprung: Verlassen der normalen Reihenfolge der Programmzeilen.

String: Zeichenkette. In BASIC gibt es unterschiedliche Variablennamen, je nachdem ob die Variablen Zahlen oder Text enthalten. Beispielsweise enthält SATZ$ eine Zeichenkette, während ZAHL eine numerische Variable ist.

Syntax: Ein Satz von Regeln, der zulässige Befehle einer Computersprache definiert. BASIC hat eine einfache Syntax. Der Interpreter sieht ständig nach Syntaxfehlern und gibt sie auch an.

Terminal: Kombination von Bildschirm und Tastatur oder von Drucker und Tastatur, die benutzt wird, um sich auf bequeme Weise mit dem Computer zu verständigen.

Testen: Vorgang, bei dem die Fehler aus einem Programm geholt werden. Testen kann mühsam sein, und es sollten alle Anstrengungen unternommen werden, ein richtiges Programm mit möglichst wenig Fehlern zu entwerfen.

Variable: Speicherplatz, der einen Namen hat und verschiedene Werte annehmen kann. BASIC unterscheidet zwischen Textvariablen und numerischen Variablen. Die Namen von Textvariablen müssen mit einem $ aufhören.

Vergleichsoperatoren: Ein logischer Operator, der einen Größenvergleich zwischen zwei Werten liefert.

Verschachtelte Schleife: Eine Schleife, die in einer anderen Schleife eingebettet ist.

Wertzuweisung: Der Vorgang, der einer Variablen einen Wert zuweist, in BASIC durch das Symbol „=" dargestellt.

Anhang D

Index

Abbruch 34, 37
Abschneidefehler 57
Äußere Schleife 135
Algorithmus 139—143, 146
Anfangswert 84, 116, 125, 128
Anführungszeichen 61
Anweisung 20, 21
— ausführbar 107
— INPUT 80
— leer 50
— LET 77
— mehrfach 89
— Wertzuweisung 77—81
APL 24
Arithmetische
  Operationen 58—60
Aufwärts kompatibel 23
Ausdruck 61
Ausführung 45
Ausgabegerät 30

BASIC 22, 24, 39
— Ausdrücke 60
— Diskette 23
— erweitertes 23, 25
— fortgeschrittenes 23
— ganzzahliges 25
— Gleitkomma 23
— Integer 25
— Kassette 23
— Minimal 25
— verkürzt 22, 25
— volles 23
XBASIC 39
Befehl 46
— CLE 92
— CLS 92
— END 45, 47, 147
— EXECUTE 37
— EXIT 37

— FOR...NEXT 127, 129,
  134, 175
— GOTO 112, 173
— IF...THEN 100, 104, 107, 114—115
— INPUT 69, 80, 90, 94, 171
— LIST 44, 46—49, 96
— LPRINT 40
— NEW 46—48
— PRINT 37, 44, 56, 61, 94,
  147, 155, 171
— RENUMBER 96
— RUN 41—42, 45—46, 68
— SAVE 46
benutzerdefinierte
  Funktionen 184
Bereitschaftszeichen 22
Bildschirm 27—28
Binär 20—21
Bindestrich 89
Bit 20
BREAK 34, 37
Byte 20

CAPS LOCK 36
Chip 28
CLE 92
CLEAR 92
CLS 92
COBOL 24
Computer 28
CPU 28
CR 34
CRT 27
CTRL-A 36
       -C 36, 40, 114
       -Tasten 34, 36
Cursor 35, 37—38, 68

Datei 25, 186
Daten 33
Datenbank 30

198

Datenstrukturen 186
Disk-BASIC 23
Dokumentation 156—157
Dokumentieren 139
Doppelte Genauigkeit 187
Drucker 30

Eingabegerät 26
Eingebaute Funktionen 184
Eingebautes BASIC 22
END 34, 47, 147
ENTER 35
Entwurf eines Flußdiagramms 144, 150, 162
Entwurfsfehler 154
Erweitertes BASIC 23, 25
ESC 34, 37
EXECUTE 37
EXIT 37

Falsch 100, 105
Fehler 20, 140, 154
Fehlermeldung 40, 163
Fehlersuche 139, 154, 155
Fettschrift 70
Flußdiagramm 126, 139, 145—150, 157, 167, 169, 173
FOR...NEXT 127, 129, 134, 175
FORMAT 61
Fortgeschrittenes BASIC 23
FORTRAN 24
Funktion 184
— benutzerspezifisch 184
— eingebaut 184
Funktionstasten 34, 37

Gleichheitszeichen 81
Gleitkomma-BASIC 23, 25, 57
Gleitkommazahl 57
GOTO 112, 173
Grafik 187
Groß-Schrift 36
Großbuchstaben 36
Gültigkeitstest 170

Hilfsvariable 78
Höhere Programmiersprachen 21—22, 24

IF...THEN 100, 104, 107, 114—115
IF 100, 103—104, 107, 114
IF/GOTO-Technik 124
Information 20
Innere Schleife 135
INPUT 69, 80, 90, 94, 171
Integer BASIC 25
Interaktiv 24
Interface 28, 30
Interpreter 22, 30, 130

K 7
Kassetten-BASIC 23
Kemeny, John 24
Klammern 59
Kleinbuchstaben 36
Kodieren 139, 169
Komma 61

Kontrollcode 36
Kurtz, Thomas 24
Laden 23, 28, 30
Lange Namen 74
Leeranweisung 50
Leerer Print-Befehl 92, 172
Leerzeichen 90—91
LET-Anweisung 77
LIST 44, 46—49, 96
Liste 40
Löschen 36
Logischer Ausdruck 100, 105
Logischer Operator 106
LPRINT 40

Maschinensprache 20—22
Mehrere Anweisungen 89
Menü 108—109
Mikroprozessor 28
Mini-BASIC 25
Mittelbare Ausführung 42
Modem 30
Monitor 29

Nachladbares BASIC 22, 25
Name 72
NEW 46—48
Numerische Variable 71, 76

Operation 58
Operator 58

PASCAL 24
Pfeil 147
Plattenspeicher 30
Platzanforderungen 22
Potenzieren 58
PRINT 37, 44, 56, 61, 94, 147, 155, 171
Programm 20—21, 33, 41
Programmieren 19—20
Programmiersprache 21
Prüfung der Eingabe 117

RAM 28—30, 45
REM 88, 90, 94
RENUMBER 96
RESET 37
RETURN 34—36, 39, 42, 68
ROM 29
RUBOUT 34, 36
RUN 41—42, 45—46, 68

SAVE 46
Schleife 113, 125, 128, 132
Schleifentypen
— äußere 135
— innere 135
— verschachtelt 134, 136
Schlüsselwort 40, 73, 119
Schreib/Lese-Speicher 28
Semikolon 61, 74
SHIFT 34—36
Sofortiger Ausführungs-Modus 42, 45, 156
Speicher 28—29
Sprache 20—21

Sprachen, höhere
- APL 24
- BASIC 24
- COBOL 24
- FORTRAN 24
- PASCAL 24
Sprung 173
Standard 25
START 147
Startwert 125
Sterne 89
String 56, 73
Stringvariable 71, 73
Summe der ersten N Zahlen 129
Symbol 21, 147
Syntax 21, 31, 80, 82
SYNTAX ERROR 31, 154–155
Syntax-Fehler 154

TAB 61
Tabulator 61
Taschenrechner-Modus 42
Tastatur 26–27, 33, 34, 37
Taste
- BREAK 34, 37
- CTRL 34, 36
- DELETE 34, 36
- ENTER 35
- ESC 34, 37
- FUNKTIONS- 34, 37
- Großschrift 36
- RESET 34, 37
- RETURN 34–35
- RUBOUT 34, 36
- SHIFT 34, 36
Testen 139, 154
Text 71
Textverarbeitung 20
Trockentest 150

Unmittelbare Ausführung 42
Unterprogramm 185

Variable 69
Variable Schrittweite 132–133
Variablenarten 71
Vergleiche 107
Verkürzte Eingabe 92
Verschachtelte Schleife 134, 136
Versionen 25
Volles BASIC 23

Wagenrücklauf 34–35
Wahr 100, 105
Wertetabelle 130
Wertzuweisung 77–81
Wissenschaftliche Darstellung 57

XBASIC 39

Zählvariable 128
Zahlenausgabe 56
Zahlenverarbeitung 2
Zeichenfolge 56, 73, 76
Zeichenfolge-Operator 186
Zeile mit Sternen 131
Zeilennummer 41, 44, 49, 95
Zentrale Verarbeitungseinheit 28
Ziffer 34

Die SYBEX Bibliothek

Einführende Literatur

MEIN HEIMCOMPUTER
von N. Hesselmann – zeigt, was ein Heimcomputer ist und was man mit ihm anfangen kann, von den Chips bis zu Tips für den Kauf. 256 Seiten, 124 Abb., Best.-Nr. **3064** (1985)

CHIP UND SYSTEM: Einführung in die Mikroprozessoren-Technik
von Rodnay Zaks – eine sehr gut lesbare Einführung in die faszinierende Welt der Computer, vom Microprozessor bis hin zum vollständigen System. 2., überarbeitete und aktualisierte Ausgabe.
568 Seiten, 325 Abbildungen, Best.-Nr.: **3601** (1985)

SYBEX
MIKROCOMPUTER LEXIKON
– die schnelle Informationsbörse! Über 1500 Definitionen, Kurzformeln, Begriffsschema der Mikroprozessor-Technik, englisch/deutsches und französisch/deutsches Wörterbuch, Bezugsquellen. 192 Seiten, Format 12,5 x 18 cm,
Best.-Nr.: **3035** (1984)

SPRACHEN
BASIC

BASIC PROGRAMME – MATHEMATIK, STATISTIK, INFORMATIK
von Alan Miller – eine Bibliothek von Programmen zu den wichtigsten Problemlösungen mit numerischen Verfahren, alle in BASIC geschrieben, mit Musterlauf und Programmlisting. 352 Seiten, 147 Abbildungen, Best.-Nr.: **3015** (1983)

PLANEN UND ENTSCHEIDEN MIT BASIC
von X. T. Bui – eine Sammlung von interaktiven, kommerziell-orientierten BASIC-Programmen für Management- und Planungsentscheidungen. 200 Seiten, 53 Abbildungen, Best.-Nr.: **3025** (1983)

BASIC FÜR DEN KAUFMANN
von D. Hergert – das BASIC-Buch für Studenten und Praktiker im kaufmännischen Bereich. Enthält Anwendungsbeispiele für Verkaufs- und Finanzberichte, Grafiken, Abschreibungen u.v.m. 208 Seiten, 85 Abbildungen, Best.-Nr.: **3026** (1983)

PLANEN, KALKULIEREN, KONTROLLIEREN MIT BASIC-TASCHENRECHNERN
von P. Ickenroth — präsentiert eine Reihe von direkt anwendbaren BASIC-Programmen für zahlreiche kaufmännische Berechnungen mit Ihrem BASIC-Taschenrechner.
144 Seiten, 48 Abbildungen,
Best.-Nr.: **3032** (1983)

GRUNDKURS IN BASIC
von U. Ströbel — die Einführung in die meistgenutzte Programmiersprache für Lehrer, Schüler und das Selbststudium (Reihe SYBEX Informatik). 208 Seiten, mit Abb.,
Best.-Nr. **3058** (1985),
Lehrerbegleitheft
Best.-Nr. **3091** (1985)

Pascal

EINFÜHRUNG IN PASCAL UND UCSD/PASCAL
von Rodnay Zaks — das Buch für jeden, der die Programmiersprache PASCAL lernen möchte. Vorkenntnisse in Computerprogrammierung werden nicht vorausgesetzt. Eine schrittweise Einführung mit vielen Übungen und Beispielen.
535 Seiten, 130 Abbildungen,
Best.-Nr.: **3004** (1982)

GRUNDKURS IN PASCAL Bd. 1
von K.-H. Rollke — der sichere Einstieg in Pascal, speziell für Schule und Fortbildung (Reihe SYBEX Informatik). 224 Seiten, mit Abb.,
Format 17,5x25 cm,
Best.-Nr. **3046** (1984),
Lehrerbegleitheft Best.-Nr. **3059**

GRUNDKURS IN PASCAL BAND 2
von K. H. Rollke — Mit diesem Buch wird der Pascal-Grundkurs aus der Reihe SYBEX Informatik abgerundet. Für Lehrer, Schüler, Teilnehmer an Pascal-Kursen, Studenten und Autodidakten. 224 Seiten, mit Abb.,
Best.-Nr. **3061** (1985),
Lehrerbegleitheft Best.-Nr. **3090**

DAS TURBO PASCAL BUCH
von Karl-Hermann Rollke — Sie lernen die Arbeitsweise des Turbo-Editors und des Systems kennen und werden mit Programmierkonzepten, Daten- und Kontrollstrukturen für den Programmfluß vertraut gemacht.
288 Seiten, mit Abbildungen,
Best.-Nr.: **3608** (1985)

Assembler

PROGRAMMIERUNG DES Z80
von Rodnay Zaks — ein umfassendes Nachschlagewerk zum Z80-Mikroprozessor — jetzt in einer durch Lösungen ergänzten Ausgabe.
2., erweiterte Ausgabe.
640 Seiten, 176 Abbildungen,
Best.-Nr.: **3099** (1985)

PROGRAMMIERUNG DES 6502 mit 6510/65C02/65SC02
von Rodnay Zaks — Programmierung in Maschinensprache mit dem Mikroprozessor 6502 und anderen Mitgliedern der 65xx Familie, von den Grundkonzepten bis hin zu fortgeschrittenen Informationsstrukturen.
3. überarbeitete und erweiterte Ausgabe. 440 Seiten, 170 Abbildungen,
Best.-Nr.: **3600** (1985)

PROGRAMMIERUNG DES 8086/8088
von J. W. Coffron — lehrt Sie Programmierung, Kontrolle und Anwendung dieses 16-Bit-Mikroprozessors; vermittelt Ihnen das notwendige Wissen zu optimaler Nutzung Ihrer Maschine, von der internen Architektur bis hin zu fortgeschrittenen Adressierungstechniken.
312 Seiten, 107 Abbildungen,
Best.-Nr.: **3050** (1984)

PROGRAMMIERUNG DES 68000
von C. Vieillefond — macht Sie mit dem 32-bit-Prozessor von leistungsstarken Rechnern wie Macintosh, Amiga, ATARI ST und Sinclair QL vertraut; erläutert die Struktur des 68000, den Aufbau des Speichers, die Adressierungsarten und den Befehlssatz.
456 Seiten, 150 Abb.,
Best.-Nr. **3060** (1985)

Andere Programmiersprachen

ERFOLGREICH PROGRAMMIEREN MIT C
von J. A. Illik — ein unentbehrliches Handbuch für jeden, der mit der universellen Sprache C erfolgreich programmieren will. Aussagekräftige Beispiele, auf verschiedenen Mini- und Mikrocomputern getestet.
408 Seiten, Best.-Nr.: **3055** (1984)

GRUNDKURS IN LOGO
von Karin und Karl-Heinz Hauer
— eine umfassende LOGO-Einführung aus der SYBEX Informatik Reihe für Lehrer und Schüler der Sekundarstufe II, Studenten, Hobbyprogrammierer und Autodidakten.
224 Seiten, zahlr. Abb.,
Best.-Nr. **3088** (1986),
Lehrerbegleitheft Best.-Nr. **3089**

Spezielle Geräte
Apple

APPLE II LEICHT GEMACHT
von J. Kascmer — macht Sie schnell mit Tastatur, Bildschirm und Diskettenlaufwerken vertraut. Sie lernen, wie leicht es ist, Ihr eigenes BASIC-Programm zu schreiben.
192 Seiten, mit 43 Abbildungen,
Best.-Nr.: **3031** (1984)

BASIC ÜBUNGEN FÜR DEN APPLE
von J.-P. Lamoitier — das Buch für APPLE-Nutzer, die einen schnellen Zugang zur Programmierung in BASIC suchen. Abgestufte Übungen mit zunehmendem Schwierigkeitsgrad.
256 Seiten, 190 Abbildungen,
Best.-Nr.: **3016** (1983)

APPLE II BASIC HANDBUCH
von D. Hergert — ein handliches Nachschlagewerk, das neben Ihren Apple II, II+ oder IIe stehen sollte. Dank vieler Tips und Vorschläge eine wesentliche Erleichterung fürs Programmieren.
304 Seiten, 116 Abbildungen,
Best.-Nr. **3036** (1984)

PROGRAMME FÜR MEINEN APPLE II
von S. R. Trost — enthält eine Reihe von lauffähigen Programmen samt Listing und Beispiellauf. Hilft Ihnen, viele neue Anwendungen für Ihren APPLE II zu entdecken und erfolgreich einzusetzen.
192 Seiten, 158 Abbildungen,
Best.-Nr.: **3029** (1983)

Atari

ATARI BASIC HANDBUCH
von J. Reschke — das vollständige ABC der BASIC-Programmierung für den Atari mit Erläuterung durch viele praktische Beispiele.
208 Seiten, mit Abb.,
Best.-Nr. **3083** (1984)

DAS ATARI PROFIBUCH
von Julian Reschke und Andreas Wiethoff — Das richtige Buch für Sie, wenn Sie einen Atari 400, 800, 600 XL, 800 XL oder 130 XE besitzen.
296 Seiten, mit Abbildungen,
Best.-Nr. **3605** (1986)

ATARI STARTEXTER
von Toni Schwaiger — Das Spitzen-Textverarbeitungs-Programm für die ATARI-Heimcomputer 400/800/600XL/800XL/130XE (400 und 600XL mit Speichererweiterung). Komplett mit ausführlichem Trainingsbuch.
Best.-Nr. **3414** (1985)

Commodore

MEIN ERSTES COMMODORE 64-PROGRAMM
von R. Zaks — sollte Ihr erstes Buch zum Commodore 64 sein. Viel Spaß am Lernen durch farbige Illustrationen und leichtverständliche Diagramme, Programmieren mit sofortigen Resultaten. 208 Seiten, illustriert,
Best.-Nr. **3062** (1984)

MEIN ZWEITES COMMODORE 64 PROGRAMM
von Gary Lippman — für alle, die bereits ein Grundwissen in BASIC haben und mit ihrem C 64 den nächsten Schritt machen wollen — und das mit viel Spaß.
240 Seiten, zahlr. witzige Illustr.,
Best.-Nr. **3086** (1985)

COMMODORE 64 BASIC HANDBUCH
von D. Hergert — zeigt Ihnen alle Anwendungsmöglichkeiten Ihres C64 und beschreibt das vollständige BASIC-Vokabular anhand von praktischen Beispielen.
208 Seiten, 92 Abbildungen,
Best.-Nr.: **3048** (1984)

COMMODORE 64 STARTEXTER
Textverarbeitungs-Kurs aus der Reihe MISTER MICRO — StarTexter ist ein Textverarbeitungskurs mit Doppelnutzen: das Buch führt Sie in die Textverarbeitung mit Ihrem C64 ein, die Diskette bietet Ihnen ein exzellentes Programm — komplett zu einem erstaunlichen Preis!
112 Seiten, Handbuch und Diskette,
Best.-Nr.: **3411** (1985)

COMMODORE 64 STARDATEI
von Toni Schwaiger — Der universelle Karteikasten für den C 64 aus der Reihe MISTER MICRO, voll kompatibel zu StarTexter. Diskette und ausführliches Trainingsbuch
(ca. 120 Seiten) Best.-Nr. **3413** (1985)

The SYBEX Library

FIFTY BASIC EXERCISES
by J. P. Lamoitier
232 pp., 90 illustr., Ref. **0056**
Teaches BASIC by actual practice, using graduated exercises drawn from everyday applications. All programs written in Microsoft BASIC.

BASIC EXERCISES
FOR THE ATARI®
by J. P. Lamoitier
251 pp., illustr., Ref. **0101**
This is the ATARI version of *Fifty BASIC Exercises*.

INSIDE BASIC GAMES
by Richard Mateosian
348 pp., 120 illustr., Ref. **0055**
Teaches interactive BASIC programming through games. Games are written in Microsoft BASIC and can run on the TRS-80, Apple II and PET/CBM.

CELESTIAL BASIC: Astronomy on Your Computer
by Eric Burgess
300 pp., 65 illustr., Ref. **0087**
A collection of BASIC programs that rapidly complete the chores of typical astronomical computations. It's like having a planetarium in your own home! Displays apparent movement of stars, planets and meteor showers.

THE TIMEX SINCLAIR 1000™ BASIC HANDBOOK
by Douglas Hergert
170 pp., illustr. Ref. **0113**
A complete alphabetical listing with explanations and examples of each word in the T/S 1000 BASIC vocabulary; will allow you quick, error-free programming of your T/S 1000.

TIMEX SINCLAIR 1000™ BASIC PROGRAMS IN MINUTES
by Stanley R. Trost
150 pp., illustr., Ref. **0119**
A collection of ready-to-run programs for financial calculations, investment analysis, record keeping, and many more home and office applications. These programs can be entered on your T/S 1000 in minutes!

THE APPLE II® BASIC HANDBOOK
by Douglas Hergert
144 pp., Ref. **0115**
A complete listing with descriptions and instructive examples of each of the Apple II BASIC keywords and functions. A handy, reference guide, organized like a dictionary.

APPLE II® BASIC PROGRAMS IN MINUTES
by Stanley R. Trost
150 pp., illustr., Ref. **0121**
A collection of ready-to-run programs for financial calculations, investment analysis, record keeping, and many more home and office applications. These programs can be entered on you Apple II or IIe in minutes!

THE COMMODORE 64™ BASIC HANDBOOK
by Douglas Hergert
144 pp., Ref. **0116**
A complete listing with descriptions and instructive examples of each of the Commodore 64 BASIC keywords and functions. A handy, reference guide, organized like a dictionary.

YOUR FIRST VIC 20™ PROGRAM
by Rodnay Zaks
150 pp., illustr., Ref. **0129**
A fully illustrated, easy-to-use, introduction to VIC 20 BASIC programming. Will have the reader programming in a matter of hours.

YOUR FIRST ATARI® PROGRAM
by Rodnay Zaks
150 pp., illustr., Ref. **0130**
A fully illustrated, easy-to-use, introduction to ATARI BASIC programming. Will have the reader programming in a matter of hours.

THE ABC'S OF THE IBM®PC
by Joan Lasselle and Carol Ramsay
100 pp., illustr., Ref. **0102**
This is the book that will take you through the first crucial steps in learning to use the IBM PC.

THE BEST OF IBM® PC SOFTWARE
by Stanley R. Trost
144 pp., illustr., Ref. **0104**
Separates the wheat from the chaff in the world of IBM PC software. Tells you what to expect from the best available IBM PC programs.

IBM® PC DOS HANDBOOK
by Richard King
144 pp., Illustr., Ref. **0103**
Explains the PC disk operating system, giving the user better control over the system. Get the most out of your PC by adapting its capabilities to your specific needs.

BUSINESS GRAPHICS FOR THE IBM® PC
by Nelson Ford
200 pp., illustr., Ref. **0124**
Ready-to-run programs for creating line graphs, complex and illustrative multiple bar graphs, picture graphs, and more. An ideal way to use your PC's business capabilities!

THE IBM® PC CONNECTION
by James W. Coffron
200 pp., illustr., Ref. **0127**
Teaches elementary interfacing and BASIC programming of the IBM PC for connection to external devices and household appliances.

MORE USES FOR YOUR TIMEX/SINCLAIR 1000™: ASTRONOMY ON YOUR COMPUTER
by Eric Burgess
176 pp., illustr., Ref. **0112**
Ready-to-run programs that turn your TV into a planetarium.

YOUR COLOR COMPUTER
by Doug Mosher
350 pp., illustr., Ref. **0097**
Patience and humor guide you through purchasing, setting up, programming, and using the Radio Shack TRS-80/TDP Series 1000 Color Computer. A complete introduction to the color computer.

THE FOOLPROOF GUIDE TO SCRIPSIT™ WORD PROCESSING
by Jeff Berner
225 pp., illustr., Ref. **0098**
Everything you need to know about SCRIPSIT — from starting out, to mastering document editing. This user-friendly guide is written in plain English, with a touch of wit.

THE APPLE® CONNECTION
by James W. Coffron
264 pp., 120 illustr., Ref. **0085**
Teaches elementary interfacing and BASIC programming of the Apple for connection to external devices and household appliances.

THE EASY GUIDE TO YOUR APPLE II®
by Joseph Kascmer
160 pp., illustr., Ref. **0122**
A friendly introduction to using the Apple II, II plus, and the new IIe.

COMPUTER POWER FOR YOUR LAW OFFICE
by Daniel Remer
225 pp., Ref. **0109**
How to use computers to reach peak productivity in your law office, simply and inexpensively.

GETTING RESULTS WITH WORD PROCESSING
by Martin Dean & William E. Harding
250 pp., Ref. **0118**
How to get the most out of your SELECT word processing program.

PRACTICAL WORDSTAR™ USES
by Julie Anne Arca
200 pp., Illustr., Ref. **0107**
Special applications for essential office tasks are explained in step-by-step detail. Makes using WordStar efficient and fun.

DOING BUSINESS WITH VISICALC®
by Stanley R. Trost
260 pp., Ref. **0086**
Presents accounting and management planning applications — from financial statements to master budgets; from pricing models to investment strategies.

DOING BUSINESS WITH SUPERCALC™
by Stanley R. Trost
248 pp., illustr., Ref. **0095**
Presents accounting and management planning applications — from financial statements to master budgets; from pricing models to investment strategies. This is for computers with CP/M.

VISICALC® FOR SCIENCE AND ENGINEERING
by Stanley R. Trost & Charles Pomernacki
225 pp., illustr., Ref. **0096**
More than 50 programs for solving technical problems in the science and engineering fields. Applications range from math and statistics to electrical and electronic engineering.

APPLE PASCAL GAMES
by Douglas Hergert and Joseph T. Kalash
372 pp., 40 illustr., Ref. **0074**
A collection of the most popular computer games in Pascal, challenging the reader not only to play but to investigate how games are implemented on the computer.

INTRODUCTION TO THE UCSD p-SYSTEM™
by Charles W. Grant and Jon Butah
300 pp., 10 illustr., Ref. **0061**
A simple, clear introduction to the UCSD Pascal Operating System; for beginners through experienced programmers.

DOING BUSINESS WITH PASCAL
by Richard Hergert & Douglas Hergert
371 pp., illustr., Ref. **0091**
Practical tips for using Pascal in business programming. Includes design considerations, language extensions, and applications examples.

FORTRAN PROGRAMS FOR SCIENTISTS AND ENGINEERS
by Alan R. Miller
280 pp., 120 illustr., Ref. **0082**
Third in the "Programs for Scientists and Engineers" series. Specific scientific and engineering application programs written in FORTRAN.

A MICROPROGRAMMED APL IMPLEMENTATION
by Rodnay Zaks
350 pp., Ref. **0005**
An expert-level text presenting the complete conceptual analysis and design of an APL interpreter, and actual listing of the microcode.

UNDERSTANDING C
by Bruce Hunter
200 pp., Ref. **0123**
A "spiral" approach explains how to use the powerful C language for a variety of applications. Some programming experience assumed.

MASTERING CP/M®
by Alan R. Miller
398 pp., Ref. **0068**
For advanced CP/M users or systems programmers who want maximum use of the CP/M operating system ... takes up where our *CP/M Handbook* leaves off.

THE BEST OF CP/M® SOFTWARE
by Alan R. Miller
250 pp., illustr., Ref. **0100**
This book reviews tried-and-tested, commercially available software for your CP/M system.

ADVANCED 6502 PROGRAMMING
by Rodnay Zaks
292 pp., 140 illustr., Ref. **0089**
Third in the 6502 series. Teaches more advanced programming techniques, using games as a framework for learning.

Z80 APPLICATIONS
by James W. Coffron
288 pp., illustr., Ref. **0094**
Covers techniques and applications for using peripheral devices with a Z80 based system.

PROGRAMMING THE 6809
by Rodnay Zaks and William Labiak
362 pp., 150 illustr., Ref. **0078**
This book explains how to program the 6809 in assembly language. No prior programming knowledge required.

PROGRAMMING THE Z8000
by Richard Mateosian
298 pp., 124 illustr., Ref. **0032**
How to program the Z8000 16-bit microprocessor. Includes a description of the architecture and function of the Z8000 and its family of support chips.

PROGRAMMING THE 8086/8088
by James W. Coffron
300 pp., illustr., Ref. **0120**
This book explains how to program the 8086 and 8088 in assembly language. No prior programming knowledge required.

SYBEX COMPUTER BÜCHER

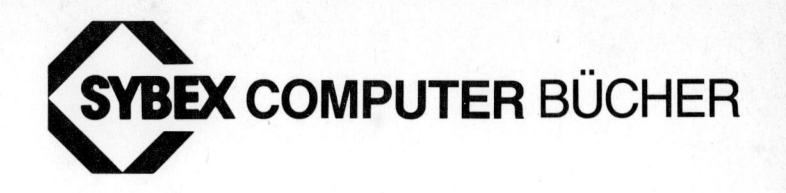

sind anders.

Warum?

Jedes SYBEX-Buch wird für Sie, den Leser, in Gedanken entwickelt. Jedes Manuskript wird durch unsere Lektoren, die selbst Experten im Bereich der Mikrocomputertechnik sind, ausgewählt und Schritt für Schritt begleitet. Programme werden gründlich auf ihre Richtigkeit getestet, und unsere Herstellungsabteilung achtet sorgfältig darauf, daß das Design des Buches und die Wiedergabe der Informationen den Ansprüchen des technisch orientierten Lesers entspricht. Wir legen Wert darauf, eine Auswahl der Bücher der besten Autoren zu verlegen, deren technisches Wissen durch Klarheit in Stil und Aussage ergänzt wird.

In dem Bestreben nach Aktualität ist Sybex auf vielen Gebieten Vorreiter. So war SXBEX einer der ersten Verlage, der Personalcomputer in den Prozeß der Veröffentlichung neuer Bücher einbezog, und SYBEX war auch führend in der Herausgabe von Büchern über CPM, Interface-Techniken, Textverarbeitung und andere Themen.

Kompetenz im Bereich der Computertechnik und das Streben nach immer besserer Qualität in unseren Büchern haben SYBEX zum Marktführer für Mikrocomputer-Literatur gemacht. SYBEX-Bücher sind schon in mehr als 14 Sprachen erschienen und haben weltweit Millionen von Menschen geholfen, das beste aus ihrem Mikrocomputer herauszuholen. Wir hoffen, daß wir auch Ihnen zu einer besseren Nutzung Ihres Computers verholfen haben.

Fordern Sie ein Gesamtverzeichnis unserer Produktion an.

BUNDESREPUBLIK DEUTSCHLAND
SYBEX-Verlag GmbH, Vogelsanger Weg 111, 4000 Düsseldorf 30
Tel.: (02 11) 6 18 02-0, Telex: 8 588 163

FRANKREICH
SYBEX, 6–8, Impasse du Curé, 75018 Paris
Tel.: 1/203-95-95, Telex: 211.801 f

USA
SYBEX INC., 2344 Sixth Street, Berkeley,
California 94710; Tel.: (415) 848-8233, Telex: 336311